KB217139

문 권사님에게

저는 안녕합니다

지은이	조 명 준
초판발행	2023년 5월 16일
펴낸이	배용하
책임편집	배용하
등록	제364-2008-000013호
펴낸곳	도서출판 대장간
	www.daejanggan.org
등록한곳	충청남도 논산시 가야곡면 매죽헌로1176번길 8-54
대표전화	(041) 742-1424 전송 (0303) 0959-1424
분류	기독교 l 신앙 l 교회
ISBN	978-89-7071-616-9 03230

 값 12,000원

교회에게, 교회 밖 성도가

저는 안녕합니다

조명준

이 편지가 저 개인의 푸념이 아닌,
합당한 문제 제기로 교회에 가 닿기를 바랍니다.
신학 전공을 하지 않은 이가
감히 '교회 밖이 더 안전하다'고 주장하며
편지를 쓰는 일은 쉽지 않았습니다.
그럼에도 편지 쓰기를 멈출 순 없었습니다.
– 조 명 준

저는 안녕합니다

차 / 례

추천의 글

박총

『욕쟁이 예수』『듣기의 말들』저자

교회 바깥도 안전하다는 글을 쓰는 이유가 단연 교회를 향한 사랑 때문이라고 한다면 믿으시겠습니까. 여기 사람이 있다! 용산 참사가 한국 사회에 남긴 처연한 외침이라면, 여기 교회 밖에도 그리스도인이 있다! 이 책이 한국 교회에 남긴 당당한 목소리입니다.

조명준 작가의 『저는 안녕합니다』는 조곤조곤 당신에게 말을 건네는 편지입니다. 관점은 도발적이지만 방식은 유쾌합니다. 불편할 수 있는 내용인데 설득력과 여운을 지닙니다. 기존의 통념이나 관습에 도전하는 글에서 이는 큰 미덕입니다.

장광설을 늘어놓는 대신 가독성 좋은 짧은 글을 구사한 점, 짧은 글에서 담아내기 어려운 주제를 매 꼭지에서 선명하게 드러낸 점, 신학자의 난해한 문장을 인용하거나 전문 용어를 쓰지 않고서도 교회와 복음의 깊은 지점을 건드리는 점 등 이 책의 미덕은 차고 넘칩니다.

한국교회에 평신도 작가가 태부족해서 아쉬워한 분이라면 이제 주목할 만한 저자의 탄생을 기뻐해도 좋겠습니다.

······ 옛 기억을 떠올려 굳이 이렇게 말씀드리는 건 제가 교회를 겉돌다가 교회 밖 성도가 된 게 아니라는 것을 말하고 싶어서예요. 그럼 제가 모험적인 삶을 사는 편이어서 그랬을까요? 그건 더욱 아니에요. 살아오면서 저는 제도권 밖으로 나가 본 적이 없거든요. 요즘에는 뜻이 있어 대안학교를 다니거나 홈스쿨링을 하는 분들도 많은데, 저는 겁이 많아서 그런 거 못해요. 한마디로 저는 그런 선택을 하는 분들과는 거리가 먼 사람이에요. 그럼 오랜 세월 교회 중심적으로 살았고, 제도권 밖으로 나가본 적 없는 제가 어떻게 교회 밖 성도가 되었냐고요?

네. 지금부터 그 이야기를 하려고 해요. ······

서문 / 교회에게 편지를 쓰며

이 편지의 발신인은 교회 밖 성도입니다. 교회 밖 성도는 그리스도교 신앙을 가지고 있지만, 교회에는 출석하지 않는 성도로 목회자나 신학 전공자가 쓴 책에서 이들과 진행한 인터뷰나 설문조사의 통계자료를 통해 알려져 왔습니다. 자료를 보면서 교회 밖 성도인 저는 '맞아. 내가 바로 이랬어.'하고 무릎을 치기도 하고, 저도 몰랐던 제 심정을 알게 되기도 했습니다. 반면에 다른 이에 의해 해석되기만 하고 자기 목소리를 갖지 못한 처지에서 오는 답답함이 있었습니다. 또한 교회 밖 성도가 '교회 밖만이 답이다'란 결론에 도달하기까지 고민했던 일련의 과정에 대한 소개가 없는 것도 아쉬웠습니다.

교회와 연관된 부조리한 일의 숫자만큼이나 다양하게 존재하는 교회 밖 성도 중 제가 평균적인 인물인지에 대한 확신은 없습니다. 다만 제가 아는 건 교회 밖 성도가 그냥 된 사람은 아무도 없다는 것입니다. 교회가 그리스도의 몸이라 배웠는데, 전에는 인식도 못했던 '교회'와 '그리스도교'간의 구분이 생기더니, 결국 양자택일의 지점까지 몰릴 수밖에 없었던 일련의 서사는 비슷할 것입니다. 그 중 하나인 저의 이야기를 전하고 싶어 편지를 씁니다. 이 편지가 '여기에도 그리스도인이 있어요.'라는 표시가 되어, 누군가의 '나도 여기 있어요.'라는 공명으로 돌아올 수 있다면 더 바랄 것이 없겠습니다.

이 편지의 수신인은 교회입니다. 편지가 소임을 다하려면 우선 수신인이 편지를 봤을 때 개봉할 사람이 자신이라는 것을 알아야 합니다. 그래서 어떤 단체에 편지를 보낼 때는 단체 이름과 함께 'OOO 담당자 앞'이라고 수신인을 특정해서 적습니다. 그런 의미에서 이 편지의 수신인을 '교회'라고만 쓰면 수신인이 자신에게 온 편지인 줄 모르고 봉투를 열어보지 않으면 어쩌나 하는 걱정이 있었습니다. 하지만 이는 괜한 걱정일 것입니다. 왜냐하면 성경 속의 여러 책들이 바로 교회에 쓴 편지이고, 이를 보는 그리스도교인들은 그 편지가 자신에게 온 편지로 이해하는데 주저함이 없기 때문입니다. 특히 그리스도교 신앙과 교회의 부조리를 동시에 수용한 대가로 괴로움 속에서 신앙생활을 하는 성도분께 이 편지를 씁니다.

교회 안 성도에게 '괴로움'이 있다면 교회 밖 성도에겐 '방황'이 기본 값입니다. 괴로워서 교회를 나왔지만 막상 나와 보니 솔직히 안정감은 없습니다. 어쩌다가 성도의 선택지가 '괴로움'과 '방황'만 남은 것인지 모르겠습니다. 물론 교회 안 신앙생활이 평안하시다는 분들도 계십니다. 바라기는 이 편지가 잠시라도 그 평안을 흔들 수 있으면 좋겠습니다.

2023년 5월
교회 밖 성도 조 명 준

1부 / 이유 없이 당연했던

저는 안녕합니다

교회 밖 성도가 된 지도 4년이 되어갑니다. 가끔 저의 안부를 묻는 분들이 계신데요. 저는 안녕합니다. 저도 제가 교회 밖 성도가 될 줄은 몰랐어요. 교회는 태어나기 전부터 다니기 시작해서 마흔을 넘기까지 제 삶의 중심이었거든요. 성가대를 했고, 중, 고등부 교사를 했어요. 셀 모임 리더를 하면서, 회사에서 전도 모임도 했답니다. 물론 교회에서 하는 훈련도 빠짐없이 받았고요. 회사 일이 많아 일요일에 출근해야 할 때도 교회의 모든 일과를 마치고 저녁때에야 출근을 했어요.

옛 기억을 떠올려 굳이 이렇게 말씀드리는 건 제가 교회를 겉돌다가 교회 밖 성도가 된 게 아니라는 것을 말하고 싶어서예요. 그럼 제가 모험적인 삶을 사는 편이어서 그랬을까요? 그건 더욱 아니에요. 살아오면서 저는 제도권 밖으로 나가 본 적이 없거든요. 요즘에는 뜻이 있어 대안학교를 다니거나 홈스쿨링을 하는 분들도 많은데, 저는 겁이 많아서 그런 거 못해요. 한마디로 저는 그런 선택을 하는 분들과는 거리가 먼 사람이에요. 그럼 오랜 세월 교회 중심적으로 살았고, 제도권 밖으로 나가본 적 없는 제가 어떻게 교회 밖 성도가 되었냐고요? 네. 지금부터 그 이야기를 하려고 해요.

그래도 저를 아껴주시던 분들은 제가 교회 밖 성도가 되었다고 하니 진심으로 저를 걱정해주셨어요.

"교회에서 받은 상처가 치유되기를 바랄게요."
"좋은 교회도 많으니 얼른 새로운 교회에 정착하면 좋겠어요."

교회 밖에 있는 제가 신앙적으로 안전하지 않다고 생각해 호의로 하신 말이란 걸 알아요. 하지만 제가 교회 밖 성도가 되기로 한 건 교회에서 상처를 받았거나 갈등이 있었기 때문이 아니에요. 저는 교회에서 상처 받은 일이 없어요. 어떻게 자기 자신에게 상처를 받을 수 있겠어요. 교회의 흠은 나의 흠인 걸요. 그런 거였다면 그동안 제자훈련에서 배운 '순종'과 '충성'의 덕목만으로 넉넉히 이겨 냈을 거예요. 하지만 제가 본 건 아무리 좋은 교회도 피해 갈 수 없는 '교회 구조의 한계'였어요. 그 한계는 참고, 못 참고 하는 불편의 문제가 아니었고, 이상과 현실의 차이를 논할 때 적절히 수용해야만 하는 것도 아니었어요. 제가 도달한 결론은 교회가 정작 그리스도교 신앙을 정면으로 위배하고 있으며, 그 가치를 심각하게 훼손하고 있다는 것이었어요. 제가 겁이 많다고 했었죠? 맞아요. 저는 겁이 났어요. 교회에 더 있다간 신앙을 잃을 거 같았거든요.

저를 걱정해서 저의 안부를 물어봐 주시고, 다시 교회로 왔으면 좋겠다고 손을 내밀어주셔서 감사해요. 하지만 손을 내미는 쪽은 더 안전한 쪽이어야 해요. 그런 의미에서 이 편지는 제가 교회에게 내미는 손이에요. 참, 저의 안부를 물어보셨으니 이제 저도 여쭤 볼게요. 요즘 교회는 안녕하신가요?

제사장이라고요? 그럼 저도 제사장이에요. 아, 그건 아니고 사도직을 계승하셨다고요? 네, 좋아요. 그럼 저도 사도직을 계승했어요. 목자, 주의 종, 목사님이 무엇이 되어도 좋아요. 다만 그게 무엇이든 저도 그렇다는 것만 알아주세요. 이건 제가 삐딱하거나 목사님을 싫어해서가 아니에요. 그리스도교가 원래 그래요.

그리스도교가 다른 종교와 구별되는 가장 큰 특징은 제사장이 없다는 걸 거예요. 다른 종교는 모두 제사장이 있거든요. 이름이 꼭 제사장이 아니더라도 신과 인간 사이에서 이를 매개하는 사람이 꼭 있어요. 노골적으로 신을 대리하는 이가 있는가 하면, 소극적으로라도 신과 좀 더 가까이 있는 사람이 존재하죠. 그런데 그리스도교는 없어요. 예수님이 십자가에서 죽으실 때 성소의

휘장이 찢어졌으니까요.마태복음 27:50-51 성소가 어떤 곳인가요? 하나님이 계신 곳으로 제사장만 들어갈 수 있었어요.출애굽기 30:10 그것도 1년에 딱 한 번 만요. 어설프게 들어갔다간 죽을 수도 있었죠. 근데 그 성소 휘장이 찢어진 거예요. 그게 뭐겠어요. 이제는 하나님과 나 사이에 어떤 인간도 개입할 필요가 없다는 거잖아요. 개입하면 안 된다는 거잖아요. 휘장의 찢김은 예수님의 죽음으로 나타난 즉각적인 첫 번째 효과였어요. 그래서 전 그리스도교가 태생적으로 제사장과 그 비슷한 것을 철저하게 배격해야 하는 종교라고 생각해요. 그러니 목사님, 목사님과 저는 찢어진 휘장 앞에 나란히 서 있는 사이예요.

네, 맞아요. 목사님 말씀대로 교회를 보살피는 사람을 성경에서 '감독'이라고 했어요. 지금 목사님이 하는 일과 비슷했을 거예요. 그런데 그게 왜요? 그 성경 말씀이 휘장 앞에 저와 나란히 서있는 목사님을 한 발짝 더 앞에 서게라도 한단 말인가요? 저는 그렇게 생각하지 않아요. 저와 목사님은 교회 공동체가 요구하는 각기 다른 일을 '분담'하는 것뿐이거든요. 목사님은 풀타임 교회 봉사자로 성도들을 돌보며 말씀을 전하고, 저는 파트타임 교회 봉사자로 교회에 필요한 일을 하면서, 일해서 번 돈의 일부를 헌금하여 교회 공동체 경비를 감당하고 있지요. 그러니 목사님이 말씀을 준비하는 것과 제가 가게 문을 열기 전, 가게 앞마당을 쓰는 일은 정확히 등가의 일이란 걸 알아주셨으면 해요.

그렇다고 제가 목사님의 권위를 부정하는 것은 아니에요. 목사님은 당회원으로서 교회의 중요한 일을 결정하시죠. 그 당회 위에 노회가 있고, 또 그 위에 총회가 있다죠? 그리고 그 구성은 교회가 자랑스러워하는 종교개혁의 아름다운 유산이라고 배웠어요. 하지만 절대적인 것은 아니라고 생각해요. 성경 말씀이 아닌 교회의 전통인 거잖아요. 개신교는 로마 가톨릭에서 교회의 전통이 성경만큼 권위가 있다고 하자 거기에 반대하여 생긴 거잖아요. 그러니 개신교 교회의 전통을 절대적인 것으로 주장하진 않으시겠죠? 제가 보기에 교회에서 권위가 생기는 방식은 세상의 그것과 완전히 달라요. 세상은 권위를 위임받은 이가 법률을 정하고 이를 어기면 형벌을 부과하여 질서를 유지하지만, 예수님은 교회 공동체 내에 권위 생성 방법을 이렇게 정리해주셨어요.

> 너희 중에 누구든지 크고자 하는 자는 너희를 섬기는 자가 되고 너희 중에 누구든지 으뜸이 되고자 하는 자는 모든 사람의 종이 되어야 하리라.마태복음 20:26-27

섬김을 받은 자들이 섬긴 자들에게 고마워서 자발적으로 순종을 내어주는 방식이죠. 그러니까 교회 내 권위는 스스로 주장할 수 있는 성질이 아니란 거예요. 실제로 교회에는 목사님의 권위로 정리하는 일이 많을 텐데요. 그 권위의 기원을 잘 아시고 행사해 주세요.

마지막으로 그래도 목사의 직분은 가르치는 데 있으니 선생님은 되는 거 아니냐고요? 목사님은 선생님이고, 저는 학생이란 의미인 거죠? 마지막까지 죄송해요. 그것도 아닌 거 같아요. 정말 그렇게 뭐가 꼭 필요하시

다면 이건 어떨까요? 반장이요. 목사님과 제가 모두 학
생이고, 저희 중에 반장을 목사님이 하세요. 저는 받은
은사대로 오락부장을 할게요.

이전 편지에서 교회 안에서의 목사직에 대해 말씀드
렸다면 이번엔 사회 구성원으로서 목사직에 대한 제 생
각을 말씀드리고 싶어요. 저는 목사님 직업이 서비스업
이라고 생각해요. 부르심을 받아 나선 성직인데, 서비스
업이라고 해서 불편하신가요? 서비스가 영어로 '예배'이
기도 하니 너무 언짢아 마세요. 우리 성도들도 많은 분
들이 서비스업에 종사하고 있잖아요. 서비스업 종사자
는 어떤 가치를 제공serve하고, 그 대가로 돈을 받아요.
그런 의미에서 목사님은 성도들에게 종교 서비스를 제
공하는 거예요. 법률 서비스를 제공하는 사람은 변호사,
의료 서비스를 제공하는 사람이 의사와 간호사인 거처
럼요.

서비스가 업인 사람은 고객이 있어요. 성공하려면

고객을 잘 알아야 하는 거고요. 그런 의미에서 목사님의 고객은 누구일까요? 하나님이라고요? 제가 예상한 답은 아니지만 맞는 말이네요. 하지만 하나님은 목사님만의 고객은 아니고 우리 모두의 고객이시죠. 제 생각에 목사님의 고객, 즉 목회 서비스의 대상은 성도라고 생각해요. 그렇다면 목사님은 고객을 얼마나 아시나요? 일요일, 교회에 나온 사람들의 심정은 어떤 상태일까요? 저마다 다르겠지만, 분명한 건 이 시대의 무한 경쟁 체제 안에서 생존을 위한 사투를 벌이다가 지치고 상처 입은 상태일 거예요. 성도들은 의식하건, 그렇지 않건 내 삶의 팍팍함과 성경에 적혀있는 선하신 하나님과의 간극을 안고 교회에 와요. '내 아버지가 선하시고 전능하신데, 내 삶은 왜 이렇게 팍팍한 거지?' 하면서요. 그리고 설교를 듣고 그 간극이 메워지길 기대해요. 목사님의 운동장은 바로 그 간극에 있어요. 성경과 성도들의 삶을 오가면서 하늘에 계신 선하신 하나님과 이 땅의 팍팍한 삶 간의 괴리를 창조적으로 연결하는 작업이 바로 '설교'라고 생각해요. 신, 구약을 현란하게 넘나들면서 성경이 얼마나 통일성 있게 구성되었는지 감격하다가 갑자기 '예수님처럼 삽시다.'하고 마치는 거 말고요. 그러려면 성도의 팍팍한 삶을 제대로 아셔야 해요. 아마도 그건 목양실을 가득 채운 책으로는 알 수 없는 것일 거예요. 그러니 세상과 유리된 목양실에만 계시지 말고, 고객의 삶을 보러 밖으로 나와 보세요. 보는 것도 좋지만, 실제로 해보면 더 좋아요. 가능하시면 택배 노동자의 삶도 체험해 보시고, 대리운전도 경험 삼아 해보시길 권해드려요.

목사님은 노동자이기도 해요. 말씀 준비와 목회 돌봄을 제대로 하려고 하면 엄청난 에너지가 들 거예요. 돌봄이란 특성상 퇴근 시간도 정해져 있지 않고요. 이런 일이 노동이 아니고 뭐겠어요. 그래서 교회는 그 노동에 합당한 급여를 지급해야 하는 거고요. 목사님의 급여를 '사례비'로 부르는 교회가 많은데, 전 그 이름을 떠올릴 때마다 재밌는 장면이 떠올라요. 흰 봉투에 돈을 넣어 건네려는 사람이 있고, 그 봉투를 손사래 치며 거절하지만 결국 받는 장면인데요. '사례'라는 말은 아무래도 주는 사람이 무슨 시혜를 베푸는 듯한 느낌이 들어요. 제공한 목회 서비스의 대가로, 노동의 대가로 당당하게 '급여'로 부르면 좋겠어요. 저는 목사님이 서비스업 노동자로서 꼭 성공하셨으면 좋겠어요. 진심이에요.

성경은 고정된 글자로 우리에게 주어졌고, 세상은 변해요. 그러니 성경에서 호출돼야 하는 말씀은 시대마다 달라져야 한다는 이야기를 드리고 싶어요.

"찰랑하고 동전이 돈궤에 떨어지는 순간 연옥에서 고생하던 영혼은 천국으로 뛰어오릅니다."라며 교회가 면죄부를 팔던 시기가 있었어요. 그러자 루터는 면죄부 판매가 회개 없는 용서, 거짓 평안이라고 비판하며, 죄인은 오직 믿음을 통해서만 의롭다 함을 얻는 '이신칭의 以信稱義"를 성경에서 불러냈어요. 그리고 그러한 주장을 했다는 이유로 심문받을 때 자신의 생각을 철회할 생각이 없는지 입장을 밝히라는 요구를 받았죠. 대답에 따라 목숨이 오가는 상황에서 '나는 아무것도 취소할 수도 없고, 하지도 않겠소.'라고 했던 루터의 대답은 영원히 견

고할 것만 같았던 중세의 빗장에 균열을 내는 것이었어요. 하지만 그 애착으로 과거의 말씀에만 머물러 있으면 안 돼요. 이신칭의는 그 시대의 부조리가 불러낸 말씀이었어요. 교회가 면죄부를 팔기 위해 인간의 행위와 실적을 강조하는 왜곡을 일삼고, 그것을 합리화하기 위해 교회의 방침이 성경만큼 권위가 있는 것처럼 행세하자, 루터는 말씀에서 이신칭의를 건져 올려 그것에 대항했어요. 하지만 지금 한국은 아무도 루터와 같은 위협을 받고 있지 않아요. 그러니 교회는 교회가 전부터 해오던 말씀이 아닌 이 시대가 성경에서 불러내는 말씀을 들려줘야 해요.

오늘, 한국의 상황이 호출하고 있는 말씀은 무엇일까요? 그 시대의 면죄부처럼 이곳에서 하나님의 영광을 가장 훼손하고 있는 것은 무엇일까요? 저는 그것이 정체를 감추고 있다가 몇 년 전 세월호가 잠겼을 때 드러났다고 생각해요. 면죄부 판매가 어쩌다가 일어난 사건이 아니라 그 당시 켜켜이 쌓인 악의 결과물이었던 것처럼, 세월호도 누군가의 어떤 실수 때문에 벌어진 게 아니에요. 자본과 효율이 생명보다 우선 되는 이 시대의 구조 악이 만든 결과물이었지요. 거대한 고통이 모두에게 전시된 그때 이신칭의만 붙들고 있는 교회는 세월호에 반응할 수 없었어요. 유가족을 위로할 수 없었고, 구조 악에 화를 낼 수도 없었어요. 당연한 결과죠. 루터의 시대와 지금은 다르니까요. 세월호를 보고 '믿음으로 구원받는다'고 하면 동문서답을 하는 거니까요. 그러니 자랑스러운 종교개혁을 이뤄낸 말씀은 이제 그만 보내드리기로 해요. 대신 교회는 루터가 그 시절 그랬던 것처럼 오늘날 세월호가 불러낸 부조리에 대항할 수 있는 말씀을 성경에서 찾아 주세요.

교회가 그 일을 하지 않는다면, 하나님께서는 교회를 '패싱'하고 다른 이들과 그 일을 하실 거예요. 사실 이미 벌써 하시고 계시죠. 그래도 늦었다고 미리 포기하지는 말자고요. 천국은 늦게 일을 시작한 일꾼에게도 동일한 하루치 품삯을 주는 곳이잖아요. 성경 말씀은 고정돼있고, 시대는 변하고 있어요. 어제의 성경 말고, 오늘의 성경을 들려주세요.

저도 한 번 해보겠습니다, 설교

꼭 듣고 싶은 설교가 있는데요. 어디서도 들을 수가 없어서 그냥 제가 한번 해보려고요. 목사가 아닌 사람이 어떻게 설교를 할 수 있냐고요? 그런 말씀 하시면 곤란해요. 설교 장인 스테반 집사, 빌립 집사가 서운해 할 테니까요.

설교 제목은 '예수님을 닮는다는 의미'에요. 예수 닮자는 말은 교회에서 가장 많이 듣는 말 중에 하나죠. '예수 닮기를 내가 원하네' 라는 찬양도 있고, 예수님 닮기를 바라며 자녀 이름을 예담이라 짓기도 해요. 무엇보다 설교 시간에 가장 많이 듣는 말인데요. 예수님과 동행하자, 예수님을 바라보자 등으로 변형될 때도 있지만 이는 결국 예수님을 닮자와 같은 말이죠.

저는 늘 궁금했어요. 과연 예수님의 어떤 모습을 닮자는 것일까 하고요. 왕따였던 세리와도 어울렸던 모습일까요? 세 번이나 자신을 모른다 했던 제자를 품었던 모습일까요? 아니면 제 뜻대로 마옵시고 아버지 뜻대로 하옵소서 했던 모습일까요? 모두가 닮아야 할 모습이지만, 구체적으로 어떻게 적용해야 할지는 모호했어요. 그러던 중 예수님의 '계급하강'의 모습이 떠올랐어요. 우리는 세상을 볼 때 계급을 떠올릴 줄 알아야 해요. 학교에서 우리 모두가 평등한 권리를 가진다고 배우고, 지금은 주인과 노예가 있는 시대도 아니지만, 우리 사회엔 계급이 있어요. 과거와 달라진 게 있다면 예전엔 노골적으로 드러나 있던 계급이 지금은 은연중에 더 촘촘하게 존재한다는 거죠. 신기하게도 아이들은 계급을 잘 이해하고 있어요. 놀이동산에서 비싼 패스트 트랙 표를 산 사람이 한 시간 째 줄을 서고 있는 자신보다 먼저 입장하는 걸 봤으니까요. 자신과 다른 줄에 서고, 다른 문으로 먼저 입장하는 사람들을 보며 계급을 배우고 자연스럽게 받아들이죠. 그리고 언젠가 자신도 그 표를 살 수 있기를 바라게 되고요. 아이들의 장래희망은 모두 제각각이지만, 하나하나 살펴보면 결국 '계급 상승'의 다른 말이에요.

  하지만 예수님은 하강 하셨어요. 무려 '신' 계급에서 '인간' 계급으로요. 그리고 인간 계급 중에서도 아주 낮은 계급으로요. 계급이 낮아지면 그 낙차만큼 곤란함이 증가해요. 그리고 그것은 '불편' 단계서부터 '매우 고통' 단계까지 다양하죠. 사실 우리는 예수님이 인간이 될 때 무엇을 감수한 건지 짐작조차 못해요. 전능자가 전적으로 다른 인간에게 몸을 의탁해야 하는 신생아로, 그것도 비위생적인 말구유를 택하여 온 그 '하강'은 그야말로 신비죠. 예수님을 닮는 건 이런 계급하강을 흉내 내는 거예요. 이 시도를 하면 하나같이 불편해지고, 고통스럽고, 잘못하면 죽을 지도 몰라요. 하지만 이것을 말하지 않는 모든 예수 닮기는 실체 없는 허상이라고 생각해요. 예수님이 하늘에서 하강하지 않고, 우리를 24시간 생각만하고, 바라만 봤다면 우리에게 구원은 없었을 테니까요.

예수님은 복음서 여러 곳에서 '나를 따르라'^{마태복음} 8:22, 마태복음 9:9, 마태복음 19:21고 하셨어요. 저는 이 구절을 만날 때마다 '나의 계급 하강을 따르라'는 말씀으로 고쳐 읽어요. 갑자기 예수 닮기가 주저된다고요? 사실 저도 그래요. 하지만 어쩌겠어요. 그리스도교가 원래 이런 걸요. 오늘 설교를 정리할게요. '예수님을 닮는다는 건 뭐다? 계급하강이다.' '이거 없는 예수님 닮기는 뭐다? 허상이다.' 제 설교가 마음에 드셨다면 '구독'과 '좋아요' 부탁드릴게요. 전 제 설교에 대한 비판도 '좋아요' 다음으로 좋아요. 참고해서 다음엔 좀 더 잘해볼게요.

나의 하나님 말고 우리의 하나님이요

태어나보니 교회를 다니고 있던 저는 교회에서 얻은 즐거운 기억이 많아요. 주일학교 선생님 댁에 놀러 가서 먹은 큼지막한 맘모스 빵이 생각나고요. 내키지 않았던 여름 수련회에 끌려가서는 은혜받고 눈물을 펑펑 흘리며 제 삶을 드리겠다는 문서에 서명도 했어요. 저희 집 숟가락이 몇 개인지도 아시는 담임 목사님은 저희 가정 형편이 넉넉지 않은 것을 아시고 가끔 따로 불러서 용돈도 주셨어요. 쌓이고 쌓인 이런 소소한 추억들이 없었다면, 제가 모태신앙으로 신앙을 무작정 받아들이지 않았다면, 저는 지금 그리스도인이 아니었을 거예요. 요즘 같이 기독교 평판이 땅에 떨어진 지금, 그 부정적인 선입견을 뚫고 '복음'을 진지하게 대면할 확률은 거의 기적에 가까운 일이니까요. 그래서 저는 모태신앙인 것에 감사하고, 좋은 추억을 만들어 준 교회에 감사한 마음을 갖고 있어요.

　예전엔 어디 가서 교회 다닌다고 하면 '좋은 사람' 이미지는 자동으로 취했던 것 같아요. 거기다가 '대를 이어온 기독교 집안이다.'라고 하면 금방 뼈대 있는 가문이 되었죠. 교회의 좋은 평판이 나에게도 그대로 적용되니 더 열심히 교회를 다녔던 것 같아요. 신앙심이 깊어지자 교회 밖 다른 집회도 참석하게 되었는데요. 한 번은 '내 마음속에 울고 있는 나'를 치유해주는 수련회에 참석해 한동안 내적 치유의 세계에 빠져 있기도 했고요. 흰옷 입은 자매들이 율동하고, 흰 남방을 입은 형제들이 찬양하는 모습이 마치 하늘의 천사들을 보는 것 같아 한동안 그 찬양 집회만 따라다녔어요. 20년 전 사진 속 자기 모습을 본다면 누구나 어색할 테지만 '그때는 다들 그랬어.' 하며 너그러이 봐주듯, 그 시절엔 나름 그것이 신앙 유행이었고, 신앙심을 유지하는 데 도움이 되었다고 생각해요.

　하지만 여전히 한국 기독교 콘텐츠는 같은 수준에

머물러 있어요. 과거 평판이 좋았을 때나, 지금처럼 신뢰가 바닥일 때나 비슷해요. 공적인 영역보다 개인 영역에 집중돼있죠. 성도들을 단시간에 무장 해제시켜 울기 직전의 상태로 만드는 감정 터치 기술만 고도화되어왔어요. 그 방법의 성공이었는지 한 때 기독교는 천만 기독인이라는 표현을 서슴없이 할 정도로 성장했지요. 생각해보세요. 당시 인구의 4분의 1이 하나님을 지극히 사랑하는 개인으로 이루어진 사회를요. 그 사회는 뭔가 달라도 다르지 않았을까요? 세상의 법보다 훨씬 엄격한 하나님의 법을 따르는 사람들이 그만큼 많은 거니까요. 하지만 기독교 인구수와 좋은 세상이 갖는 지표 간 상관관계가 있다는 이야기는 들어 본 적이 없어요. 하나님 앞에서 철저하게 각자도생만 있었으니 당연한 결과겠죠.

이제 다른 방식의 기독교 콘텐츠를 기획해보기로 해요. 그간의 시행착오를 되짚어 보면 답이 어느 정도 나와 있어요. 나의 하나님 대신 우리의 하나님을 찾는 것이죠. 이는 시편의 하나님을 주기도문의 하나님으로 전

환하는 것을 뜻해요. 우리는 그간 기독교를 오해했는지 몰라요. '나의 하나님'을 구했던 시편 저자인 다윗의 애절함에 무작정 자신을 대입했죠. 실제 우리의 성정과 상황은 다윗을 그렇게 만든 사울에 더 가까우면서도요. 그러니 이제부터 예수님이 가르쳐주신 '우리의 하나님'을 찾기로 해요. 하나님이 '우리의 하나님'인 것만 알아도 기독교는 달라질 거예요. 나의 복과 안위를 구했던 기도가 우리의 복과 안위를 구하는 것으로 바뀐다면 세상도 좀 더 나은 곳으로 변할 거고요. 그것이야말로 주기도문 속 '하늘의 뜻이 땅에서도 이루어지기'를 바라는 것 아닐까요. 사도행전 속 외부인 눈에 비친 '복음'은 많은 사람을 소요하게 할 정도로 전염성이 강한 것이었어요._{사도행전 24:5} 요즘 기독교가 인기 없는 건 사람들이 기독교를 몰라주기 때문이 아니에요. 그동안 교회가 '우리 하나님'을 몰랐기 때문이에요.

이웃을 하나님으로 대하기로 해요

교회도 교회 걱정을 많이 하는 거 알아요. 목회자의 성 스캔들, 헌금 횡령, 교회 세습 문제가 사회 이슈로 올라오면 목사님은 분개하셨어요. 오랜만에 목사님과 코드가 맞아 내심 기뻤지요. 목사님이 대신 사과를 하기 전까지요. 그건 목사님이 사과하실 일이 아니에요. 사과는 원상복구와 피해 보상이라는 행동이 따라야 하고, 그걸 할 수 있는 사람만 할 수 있는 거거든요. 그래도 거기까지만 하셨으면 최악은 아닌데, 목사님은 갑자기 '이제 남의 허물을 보지 말고 우리 안의 들보를 먼저 봅시다.'라고 하셨죠. 그 말을 들은 성도들은 이제 그 문제가 자신 때문인 양 가슴을 치면서 통성 회개 기도를 시작했어요. 진단이 잘못되면 처방이 제대로 나올 수 없고, 결과적으로 병이 나을 수 없어요. 목회자의 성 스캔들, 헌금 횡령, 교회 세습 문제는 신학교, 교단, 개교회가 엮인 구조적인 문제예요. 그들은 그래도 되니까 그렇게 한 거예요. 이제라도 그렇게 한 사람에게 합당한 책임을 묻고, 다음부터는 누구도 그렇게 하지 못하도록 제도를 바꾸는 것이 문제를 해결하는 방법이잖아요. 성도 개인이 자신 안의 들보를 찾는 일로 이런 일의 반복을 막을 수 없어요. 구조의 문제를 개인의 문제로 가져와 본질을 흐리시면 안 돼요.

진단을 잘못한 건 의사 책임이지만, 자기 몸을 잘못된 처방에 계속 노출하는 건 환자 책임이기도 해요. 우리는 왜 이렇게 자꾸 속는 걸까요? 그건 우리의 관심사가 나와 하나님 사이에만 있기 때문이라고 생각해요. 하나님 앞에 의인은 하나도 없는 데다, 실제로 내 안의 들보는 많으니까 누가 그것을 건드리면 자동으로 가슴을 치며 통곡을 하는 거죠. 하나님 앞에서 민감한 신앙은 분명 좋은 걸 거예요. 하지만 그래도 저는 이상했어요. 자신에게 일어났다면 하나님께 울며불며 기도했을 일이 지금 다른 이에게 벌어지고 있는데, 거기에 아무 관심이 없는 것을 보면요. 어떤 분은 그러셨어요. 하나님과 나 사이의 관계가 충만하면 그것이 밖으로 자연스럽게 흘러넘쳐 이웃에게 향하는 거라고요. 실제로 그렇게 해보려고 많이 시도했었죠. 누가 뭐래도 제1계명은 하나님 사랑이니까요. 하지만 그럴 때마다 밖으로 흘러넘치기 전에 에너지가 소진됐어요. 매번 처음부터 시작한 하나님 앞에서의 자기 점검은 계속 비슷한 곳에서 적당한 피로감과 함께 멈췄고 밖으로 흘러가지 못했어요. 이제 전 방법을 좀 바꿔 보려고요. 이웃에게 바로 가는 거죠. 실제로 예수님은 세상의 소자들을 자신이라 하셨잖아요.마태복음 25:40 이웃을 하나님으로 대하는 것, 저는 이것이야말로 성경이 그리스도인에게 주문하는 단 하나의 간결한 요구라고 생각해요. 하나님 사랑과 이웃 사랑의 계명을 동시에 충족시키는 방법이기도 하고요. 이런 신앙은 내 밖의 구조의 문제를 내 안의 개인의 문제로 착각하지 않게 해 줄 거예요. 죽을 때까지 자기 문제에만 매몰되어 헤매는 이기적인 신앙에서도 우릴 건져줄 거고요.

옷자락을 휘날리시며 저기 하늘 위 보좌 옆에 계신

예수님은 나중에 뵈옵기로 하고, 당장 눈앞에 현현해 계신 차별과 학대받는 예수님께 맘을 쏟아보아요. 예수님은 왜 나를 먼저 향하지 않았느냐고 질투하지 않으실 거고, 말씀대로 '복 받을 자들이여 나아오라.^{마태복음 25:34}'고 칭찬하실 거예요.

주일은 움직이는 거예요

주일은 다른 요일과 비교하면 확실히 느낌이 달라요. 휴일이니까 평일에 비해 느슨한 편이지만 다른 방식의 긴장감이 있다고나 할까요. 하고 싶은 건 줄이고, 좀 더 착하게 살아야 할 것만 같은 그런 날이에요.

어릴 적 주일 아침 TV에선 '은하철도 999'란 재밌는 만화를 했었는데, 저는 그걸 한 번도 못 봤어요. 교회에 가야 했거든요. 그 교회에서는 목사님이 주일에 일절 소비를 하지 말라고 하셨어요. 크리스천이 주일에 돈을 쓰면 장사하는 가게는 수입이 생길 테고, 그러면 그 수입의 미련 때문에 가게 주인은 영영 교회에 나오기 힘들다면서요. 저는 주일날 교회 근처에서 몰래 사 먹는 '만나 떡볶이'를 끊을 순 없었지만, 그 말은 맞다고 생각했어요. 장사하는 분들도 다 같이 천국에 가야 하니까요. 교인 중에 주일날 가게 문을 닫았더니 평일 매출이 더 올라서 은혜라는 간증도 들었어요. 그때 저는 '역시 우리 하나님' 했었죠.

청년부 시절엔 믿음 좋기로 소문난 제 친구가 어렵게 들어간 회사에서 주일 근무를 자주 시켜 교회에 갈 수 없는 날이 많아지자 회사를 그만뒀어요. 믿음이 대단한 친구였죠. 저는 그 정도까지는 아니었지만, 저에게도 주일 성수와 신앙 고백은 같은 말이었어요. 부득이한 사정으로 교회를 못 가면 예수님 대신 세상을 택한 믿음 없는 사람이 된 거 같았거든요.

그런데 어느 날 문득 궁금했어요. 일요일 교회 출석이 신앙고백만큼 절대 가치가 있는지가요. 그래서 성경을 찾아봤어요. 성경에는 일요일을 주일로 지키라거나, 일요일에 더 신성함을 부여하는 내용은 없었어요. 제가 찾은 자료에는 그리스도교가 초기에 박해를 받다가 로마로부터 공인된 후 공개적으로 예배를 드릴 수 있게 되자, 모이는 날을 예수님이 부활한 요일인 일요일로 정했다는 거예요. 그냥 교회의 전통이었어요. 일요일의 의미가 신앙고백처럼 절대적인 것이 아닌 줄 진즉에 알았다면 만나 떡볶이를 더 맛있게 먹었을 거예요. 그리고 믿음 좋은 제 친구에게도 회사를 그만두지 않아도 된다고 말할 수 있었을 테고요.

주일 성수의 역사를 찾다 보니 그리스도교는 태생적으로 절기 준수에 절대 의미를 부여하면 안 되는 종교란 걸 알게 됐어요. 예수님은 무려 십계명에 딱 적혀 있는 '안식일을 지키라'는 법을 일부러 어기면서 사람을 고치셨잖아요.^{마가복음 3:1-6} 사람이 안식일을 위해 있는 것이 아니라 안식일이 사람을 위해 있다고 하시면서요. 그게 뭐겠어요. 기계적인 법 준수보다 그 법의 입법 정신을 따르라는 거잖아요.

위기가 오면 살아남기 위해 관성적으로 해온 '필수'와 '옵션'의 경계를 다시 정하게 마련인데요. 코로나 초기에 백신이 나오기 전, 대면 예배가 서로의 생명에 위협이 되었을 때, 안식일에 사람을 살리신 예수님이라면 어떻게 하실지 제게만 보이는 걸까요? 주일은 움직여도 돼요. 아니 움직이는 거예요.

2부 / 크리스천 증후군

여러분의 종교개혁은 언제였나요?

이제 막 알게 된 성도 간에 우정이 시작될 때쯤이면 통과의례와 같은 질문이 있어요. '당신은 언제 예수님을 인격적으로 만나셨나요?'인데요. 학창 시절 수련회에서 만난 분도 있고, 아주 힘든 일을 겪는 중에 기적처럼 만난 분도 있을 거예요. 그리스도교를 체험하고, 그리스도교에 깊게 발을 들인 순간으로 바꿔 말할 수도 있는데요. 그리스도인 대부분은 자기 대답 하나씩은 가지고 있지요.

저는 예수님을 인격적으로 체험한 그때가 진정한 그리스도교 신앙이 시작되는 순간이라는 것에 동의하면서도 한편으론, 개인 신앙의 중세가 열리는 시기라고 생각해요. 중세는 종교가 정치나 과학을 압도한 시기였잖아요. 그 시대에는 '신이 그것을 바라신다.'라는 교황의 말을 듣고 여러 나라의 왕들과 귀족을 포함한 수많은 사람이 예루살렘을 정복하기 위해 기꺼이 십자군 원정에 나섰어요. 정말로 신이 그것을 바랐는지 상고할 능력 자체가 그 시대 사람들에겐 없었기 때문에 가능한 일이었죠. 지구가 태양 주위를 도는 것이 진리임에도 그렇게 말하거나 주장할 수 없는 시기기도 했고요. 저는 이런 일이 천 년 전 특정 기간에 일어난 사건만이 아니라 오늘의 개별 그리스도교인 모두가 신앙이 깊어지는 단계에서 경험하는 것이라고 말씀드리고 싶어요.

예수님을 인격적으로 만나면, 너무 기쁜 나머지 삶의 우선순위가 교회 중심적으로 변해요. 주일은 물론이고, 토요일도 기꺼이 교회에서 봉사하고, 여건이 된다면 수요 예배와 금요 철야 예배도 참석하죠. 날마다 말씀을 보고, Q.T[1]를 하게 될 거예요. 교제하는 사람들도 대부분 교회 다니는 사람일 거고요. 독서도 신앙 서적만

---

1. Quiet Time의 약자로 경건의 시간을 의미하며 기도, 묵상, 예배, 혹은 성경연구와 같은 기독교인들의 영적 활동 가운데 정규적으로 개인이 갖는 시간을 서술하는 용어이다.(위키백과.Quiet Time)

볼 거고, 음악의 기호도 변해서 CCM[2]만 듣게 될 거예요. 한 인간이 태어나서 죽을 때까지 제도적으로 교회의 영향 아래 있었던 중세 시대와 같지는 않겠지만 한 개인에 미치는 교회의 영향력이 크다는 점은 비슷해요.

그럼 개인 신앙의 중세를 가장 강력하게 떠받드는 힘은 뭘까요? 뭐니 뭐니 해도 목사님의 설교일 거예요. 중세의 교황이 그랬던 것처럼요. 교황은 수석 사도의 계승자여서 존재감이 있었다면, 말씀이 강조된 개신교에선 예배 중에 말씀을 전하는 사람이 목사님이니까 자연스레 영향력이 생기는 구조예요. 그래서 '오늘 주시는 하나님 말씀은요'라고 시작하는 설교가 실제로는 '오늘 제가 준비한 설교는요'의 은유적 표현임을 알지만, 강대상에서 말씀을 전하는 목사님의 모습에 하나님이 투사되는 이미지를 지워내기란 쉽지 않아요. 이 구도에서 목사님이 말하는 '성경 해석'과 '세상 해석'은 하나님이 투사된 효과로 아무런 여과장치 없이 성도들에게 그대로 주입되죠. 거기에다 올해의 교회 표어로 '같은 말, 같은

---

2. Contemporary Christian Music의 약자로 현대 기독교 음악을 말한다.(위키백과.CCM)

뜻, 같은 생각'이라는 시각적 문구의 플래카드까지 강대상 뒤에 장식한 교회라면 중세적 코디네이션을 완벽하게 구현한 거예요. 그렇게 되면 21세기인 지금도 '신이 그것을 바라신다.'라는 주문이 실제로 동작하는 일이 벌어질 수 있어요.

저는 각 개인이 저마다의 종교개혁을 통하여 중세에서 빠져나와야 한다고 생각해요. 교회와 자신과 세상, 그리고 하나님을 재인식하는 과정을 통해서요. 누군가에게는 갑자기 오기도 하고, 어떤 이에게는 천천히 오기도 할 거예요. 교회에서 장려하는 일과 내 양심이 갈등하다가 도저히 이건 아닌 거 같다는 생각이 들기도 하고, 진리 탐구를 위한 꾸준한 독서를 해오다가 도는 건 태양이 아니라 지구라는 사실을 부인할 수 없는 순간을 맞이하기도 하고, 세월호 사건과 그것을 대하는 교회의 태도를 보면서 경험하기도 해요. 이 일은 각기 저마다의 사건을 통해서, 저마다의 속도로 일어나는데, 그 사건은 500년 전에 있었던 종교개혁의 속성과 완전히 동일하다고 생각해요. 그러려면 루터가 교황청의 협박보다 하나님 앞에서 양심을 거스르는 일을 더 두려워했던 것처럼, 성도 개인도 교회의 가르침을 양심과 성경에 빗대어 상고할 수 있어야 해요. 그렇지 않으면 명분도 없는 십자군 전쟁에 참여하고, 태양이 지구를 도는 세상에서 살아가야 할지도 모르니까요. 개혁된 교회는 항상 개혁되어야 한다죠? 개혁된 교회를 계속 개혁할 수 있는 주체는 아마도 종교개혁을 통과한 개인들일 거예요. 그런 의미에서 이들은 교회에 불만 있는 사람이 아니라 개혁을 이어갈 사람들이에요.

우리 이제 예수님을 인격적으로 만난 때와 더불어 당신의 종교개혁은 언제였냐고 물어보기로 해요. 그리고 모든 그리스도인들이 자기 대답 하나씩은 가졌으면 좋겠어요.

그런 말은 안 써요

'도전이 되다.'
'쓰임 받다.'

교회에선 익숙한 말이지만, 이런 말을 교회 밖에서 하면 안 돼요. 못 알아듣거든요. 사람들은 이런 알다가도 모르는 말을 교회 방언이라고 불러요. 방언은 통역이 필요한 말이에요. 오순절 초대교회에 성령이 임했을 때는 언어가 달라도 말이 통했는데, 지금은 교회 말을 세상이 못 알아들어요. 말이 다르다는 건 단순히 말만 다른 걸 의미하지 않아요. 사람은 생각을 자기 말로 하거든요. 그래서 말이 다르면 생각의 과정이 다르고, 그 결과 행동도 다른 사람이 되는 거예요. 교회 말의 특징은 수동형으로 말한다는 점이에요. 언제쯤 교회 말의 주어는 동사를 거느릴 수 있을까요? 교회는 '되어 진 일'만 있고 '한 일'은 정말 없는 걸까요? 왜 매사에 보지 않고, 보여지며, 알지 않고 여겨지기만 하는 걸까요?

아마도 그건 하나님의 영광 때문일 거예요. 내가 '한' 만큼 하나님께 돌아가야 할 영광의 몫이 감소할 테니까요. 다 하나님이 '하신'게 되어야만 하나님께서 영광을 더 받으시는 거니까요. 그러는 동안 교회는 중요한 것을 잃었어요. 주체성을 잃었죠. 말은 그저 말이 아니라고 했잖아요. '하지' 않고 '된' 일만 있는 사람은 주체적일 수 없어요. 더군다나 주체성은 하나님의 영광을 구성하는 요소 중 가장 가중치가 높은 항목이에요. 주체적이지 않은 이의 순종은 받는 이를 영광스럽게 하지 못하거든요. 내 말이라면 무턱대고 따르는 사람과 실익을 다 따져 보고 손해가 있더라도 따를 만한 가치가 있어서 따르는 사람 중 누가 더 대상을 영광스럽게 할까요? 입장을 바꿔보면 금방 알아요.

수동형 신앙인은 하나님에 대한 지식도 밖에서 주입을 당해요. 성경 말씀을 상고하여^{사도행전 17:11} 말씀이 자신을 통과하여 자리 잡는 게 아니라, 다른 이로부터 주입된 것을 그대로 믿게 되는 방식이죠. 그런 신앙은 늘 다른 이에게 의존할 수밖에 없어요. 문제가 생기면 늘 누군가를 찾아가 답을 들어야 안심이 돼요. 자신이 알고 있는 범위 밖의 것에 대해선 대면하려 하지 않아요. 그것에 여지를 주었다가는 자신이 믿고 있는 것이 무너질까 봐서죠. 하지만 너무 걱정 마세요. 그리스도교 신앙은 그동안 많은 사람의 회의와 의심에도 끄떡없이 보존되어 왔으니까요. 그러니 우리의 신앙에 대해 마음껏 상고하고, 회의하고, 의심하기로 해요. 교회 말의 주어가 동사를 거느리는 날 하나님께서는 더욱 영광 받으실 거고요. 우리들은 휘둘리지 않는 신앙 기준을 얻게 될 거예요. 통역 없이 세상과 말할 수 있는 건 덤일 테고요.

아멘은 '맞습니다.' '옳습니다.' '그 말에 진심으로 동의합니다.'라는 의미라고 배웠어요. 그리스도인에게 '아멘'은 특별하죠. 모든 기도의 끝에 있는 말로 아멘으로 끝나지 않는 기도는 효력이 없을 거 같은 생각마저 들어요. 또 말씀을 들을 때 그 말씀에 강한 동의를 표현하는 방법이기도 해요. 누군가의 입에서 출발한 말이 내 귀에 들리고 그것이 자신이 아는 하나님 말씀과 합할 때 아멘을 하게 돼요.

이것은 일종의 신앙 고백이에요. 그러니 시시껄렁한 농담에 여러분의 '아멘'을 호응시켜서는 안 돼요. 청중으로서 화자에게 호의를 보이고 싶다면 집중하는 눈빛이면 충분해요. 사실 그것마저도 화자가 만들어야 할 몫이지요. 화자의 입장에서 자신의 말마다 청중이 큰 소리로 아멘을 한다면 얼마나 짜릿한 기분일까요? 마치 연예인이라도 된 기분일 거예요. 아멘 소리를 듣기 위해 강대상에서 누군가가 '할렐루야'를 한다면 '아멘' 대신 그냥 쳐다보기로 해요. 나 그렇게 쉽게 아멘 하는 사람 아니거든? 하면서요. 말하는 사람이 뻘쭘할까 봐 어떻게든 반응을 보여주고 싶은 좋은 마음도 내려놓으세요. 아멘은 신앙 고백이잖아요. 상대가 뻘쭘할까 봐 고백하는 사람은 없어요. 고백을 실제로 해본 사람은 알아요. 고백은 하고 싶어서 하는 게 아니라 고백하지 않고는 견딜 수 없을 때 하게 되는 거거든요.

누군가에 의해 발화된 하나님의 말씀이 내 안의 하나님의 말씀과 만나면 그것에 동의하고 인증하고 싶은 마음이 강렬하게 생겨요. 저는 그것이 말씀이 가진 생명력 때문이라 생각하는데요. 그 마음을 억누르면 오히려 불편하죠. 이건 아름다운 광경을 본 후 감탄하는 과정과 비슷해요. 아름다움을 못 봤으면 모를까 그것을 대면한 이상 그 아름다움에 상응하는 감탄의 부채가 생기고, 이는 곧 '와아'하는 소리를 불러내죠. 아름다움은 탄

성을 부르고, 말씀의 공명은 아멘을 부른다고나 할까요. 여기에 다른 이의 아멘도 들린다면, 이렇게 공명하는 사람이 나 혼자가 아니라는 안도감과 회중 모두가 하나님과 연결되어 있다는 연대감이 생기죠. 그러고 보니 아멘은 나와 회중과 하나님 간의 일치를 청각적으로 확인시켜 주는 음성 세리머니 같은 기능을 하고 있네요.

그러니 아무 말 대잔치에, 우스갯소리에, 의미 없는 할렐루야에 아멘을 하지 마세요. 하나님 말씀과 상관없는 말에 아멘을 하는 건 아름다움과 감탄 사이의 균형을 깨는 신성모독일지 모르니까요. 세상에서 가장 안타까운 소리는 호응할 하나님 말씀이 없는 짝 잃은 아멘 소리일 거예요. 아멘의 속성상 아멘은 유도될 수 없어요. 신앙 고백과도 같은 아멘을 아끼세요. 여러분의 아멘은 소중하니까요.

너무 확신에 거하진 말자고요

그리스도인들은 확신 안에 거하기를 좋아하죠. 믿음이 구원을 담보한다는 생각 때문일 건데요. 저는 '뭐든 너무 확신하지는 말자'는 쪽이에요. 오늘 중요하다고 생각한 게 나중에는 시시해질 수도 있으니까요.

언젠가 칼빈의 『기독교강요』를 읽은 적이 있어요. 제가 그동안 교회에서 배우고 들었던 대부분의 내용이 이 책에서 나온 것이라는 걸 알게 됐죠. 그 이후로 전 칼빈의 열렬한 추종자가 됐어요. 특히 칼빈의 5대 강령으로 알려진 TULIP³은 그리스도교가 무엇을 믿고, 무엇을 믿지 않는지 설명한 것으로, 두꺼운 성경책에 파편처럼

---

3. 칼빈의 5대 강령 각 항목 영어 첫 글자를 딴 것으로 도르트 신조에 대한 요약이다. 1963년부터 사용되었다. (Total Depravity: 전적 타락, Unconditional Election: 무조건적 선택, Limited Atonement: 제한적 속죄. Irresistible Grace: 불가항력적 은혜, Perseverance of Saints: 성도의 견인.(위키백과. 칼빈주의)

흩어져있는 하나님의 뜻을 명료하게 알려 주는 거 같았어요. 그 기쁨에 들떠 교회 성도들에게 소개하기도 했는데요. 그러던 중 어떤 분께 화를 낸 적이 있어요. 우리의 구원이 정해져 있다는 예정설을 약간 의심한다는 이유로요. 지금 생각하면 얼굴이 화끈거릴 정도로 무례한 행동이었죠. 무례함은 너무 확신에 거할 때 생기는 전형적인 부작용인 거 같아요.

'너무 확신하기'는 이런 부작용뿐 아니라 진리를 외면하게 만들기도 해요. 전부터 스스로 묻는 말이 있어요. '내가 만약 예수님 시대의 유대인이라면 예수님을 믿을 수 있었을까'하는 질문인데요. 그가 병을 고치는 것을 보고, 매사에 하나님을 높이면서도, 결국 자신이 하나님과 동급이라고 말하는 서른 살쯤 돼 보이는 청년을 주님으로 모시기는 쉽지 않았을 거예요. 아마도 말씀을 주야로 묵상하는 사람일수록 더 그랬을 거예요. 왜냐하면 구약의 메시아와 예수님 사이에는 분명히 커다란 부정합이 있으니까요. 신약을 반 이상 쓴, 유대인 중의 유대인인 사도 바울이 그 부정합을 상당 부분 메웠고, 그 이후 많은 신학자들이 예수님 중심으로 구약을 풀어낸 것에 익숙한 나머지 '예수님이 메시아인 걸 어떻게 못 알아볼 수 있지?' 하고 쉽게 이야기하는데, 당시 유대인들에겐 신약 성경이 없었다는 사실을 잊으면 안 돼요. 우리들은 답을 알고 문제를 보는 거고, 그들은 답을 모른 채 문제를 풀었으니까요. 만약 AI에게 구약을 학습시킨 후 서른 살까지의 예수님의 신상 정보를 알려주면서 '구약에서 예언된 메시아가 예수님입니까? 라고 물어본다면 아마도 높은 확률로 '아니다'라고 하지 않을까요? 예수님은 오답으로 간주되기에 충분한 모습으로 오셨으니까요. 예수님을 정답으로 고른 사람들은 확신에 찬 것을 포기하는 데 성공한 사람들이었어요. 진리는 앞으로도 우리의 확신을 무너뜨리는 방식으로 등장할 거예요. 그래서 우리의 확신은 유연해야 해요.

어느 날 진리가 저의 확신을 무너뜨릴 때 저는 순순히 함락되고 싶어요. 쓰고 보니 '함락되고 싶어요.'는 '예정론'답지 않네요. 그럼 이렇게 고쳐볼까요. '함락되기로 되어있어요.'라고요. 근데 이게 뭐든 그게 뭐가 중요하겠어요. 확신만 무너지면 되는 거죠.

이번엔 저의 신앙 흑 역사 하나를 소개할게요. 여느 때처럼 교회 중심적인 삶을 살 때였죠. 무한 경쟁의 자본 세계가 지배하는 곳에서 평일을 살고, 휴일도 교회 일로 바빠서 몸은 늘 피곤했지만, 신앙이 주는 안정감 때문인지 맘은 늘 평화로웠어요. 그러던 어느 날 제가 교통사고를 냈어요. 좌회전 차선 선두에서 신호를 기다리던 중 신호가 바뀌자 출발했는데, 그게 직진 신호였던 거예요. 마주 오는 차와 부딪쳤는데, 맞은 편 차 조수석에 탄 분이 다쳤어요. 처음 겪는 사고라 경황이 없었죠. 레커차가 오고, 경찰차가 오고, 보험회사도 왔어요. 다친 분은 병원에 입원하였죠. 현장이 수습되고 정리가 되니 다친 분이 걱정됐어요. 보험회사는 그분의 피해에 대해선 알아서 할 테니 신경 쓰지 말라고 했지만, 저의 부주의로 다치고, 놀라고, 병원까지 입원을 한 분께 죄송한 마음이 들어 병문안을 갔었어요. 얼마나 아프고 불편하시냐며 정말 죄송하다고 말씀드렸더니 괜찮다며 흔쾌히 사과를 받아주셨어요. 거기까지였으면 좋았는데, 제가 이렇게 제안을 드렸어요. '제가 선생님을 위해서 잠깐 기도해도 될까요?'라고요. 그분은 약간 '의외다'라는 표정을 지었지만 거절하는 게 더 어려우신지 허락해 주셨어요. 그분 손을 잡고 그분이 들릴 정도의 목소리로 기도했어요. 빨리 낫게 해 달라는 것과 입원으로 인해 생계에 영향이 없기를 바라는 내용으로요. 그분과 헤어지면서 문을 나설 때 제 마음은 뿌듯했어요. 세상 방법대로 사고를 처리하지 않고, 일부러 병문안을 와서 기도까지 해준 사람이 되었으니까요. 속으로 그분이 하나님을 알게 되는 계기도 됐으면 좋겠다고 생각했어요.

그런데 그분과 헤어질 때 그분 표정에서 약간 이상한 느낌을 받았어요. 당시에는 그게 무엇인지 몰랐는데 지금은 알 거 같아요. 선의를 가진 발걸음을 했다면 기도만 할 게 아니라 성의가 담긴 봉투도 드렸어야 했던 거예요. 기도는 저 혼자서 하고, 그분께는 봉투로 성의 표시를 해야 했던 거죠. 그게 세상의 문법이었어요. 결혼을 축하한다고 말로만 하지 않고 축의금을 내는 거처럼요. 장례식장에서 '얼마나 힘드시겠어요.'라고만 하지 않고 부의금도 내는 거처럼요. 저의 기도는 상대방과 합의 되지 않은 저만의 문법이었어요. 제 기도가 전능자 아버지를 둔 권세를 빌어 그분이 낫기를 바라는 순전한 것이고 효과 면에서 봉투보다 그분께 유익했을 지라도요. 당시 그분의 태도를 복기해보면 '세상에는 별의별 사람이 다 있구나.'라는 생각으로 저의 행동을 인내했을 거 같아요. 그리스도인으로 하나님께 영광을 돌리기 위해 한 일이 누군가에게 참아야 할 일이 되었다 생각하니 부끄러웠어요. 생각나는 흑 역사가 이거 하나뿐이어서 다행이지만 제가 이런 방식으로 계속 살아온 걸 감안하면, 그동안 이것 말고도 세상이 예의상 저를 많이 인내했을 거란 생각이 들어요. 여러분은 저 같은 실수를 하지 않으셨으면 해요. 착한 일을 통하여 하나님께 영광을 돌리는 일이라도 그리스도인의 문법으로 하지 말고, 그들이 아는 문법으로 해야만 해요. 기도는 골방에서, 위로는 현금으로요.

신 뒤에 숨은 그리스도인

그리스도인들은 무엇이든 성급히 결정하면 안 되는 사람들이죠. 인생의 중요한 일에 관해서는 더욱 그래요. 하나님의 뜻대로 결정하지 않고, 내 뜻대로 하면 안 되니까요. 무엇이든 하나님께 먼저 물었던 제 친구는, 소개팅을 나갈지 말지도 하나님께 묻더라고요. 저도 학교와 직장을 정할 때 하나님께 여쭤봤는데, 딱히 어떤 답을 듣진 못했어요. 결국 '이쪽으로 정하니 마음이 편한 걸 보니 아마도 이쪽일 거야.' 했죠. 그런데 여기가 나을까요? 저기가 나을까요? 라고 묻는 건 좀 이상하지 않나요? 무속인을 찾아가 동쪽으로 갈까요? 서쪽으로 갈까요? 하는 거랑 비슷하니까요. 하나님 입장에서 누가 어느 학교, 어느 직장을 가든 무슨 상관이겠어요. 오히려 하나님은 우리에게 궁금해하시지 않을까요? 너는 거기 가면 앞으로 어떤 삶을 살 거니? 하면서요. 그러니 동쪽인지 서쪽인지는 하나님께 묻지 말기로 해요. 그리고 소개팅에선 하나님이 허락해서 나왔다는 말은 절대 하지 마세요. 상대가 마음에 들었다면 더더욱이요.

이렇게 사소한 것도 물어가며 하나님의 뜻을 구하는 사람들이 하나님의 뜻이 명확한 일을 대하는 방식을 보면 신기해요. 뜻이 명확하니까 실행을 어떻게 할지 고민하는 대신 그렇게 실행하게 해달라고 다시 하나님께 간구하죠.

"그 사람을 도울 수 있는 마음을 주세요."
"아이들을 사교육에 맡기지 않도록 해주세요."

보기에는 나의 의지까지 하나님께 드리는 거 같지만, 실은 공을 다시 하나님께 넘기는 거예요. 그렇게 해야 설사 행하지 못하더라도 최종 책임은 그런 마음을 내게 주시지 않은 하나님께 있게 되는 거니까요. 그러다 이젠 정말 실행하기 직전까지 몰리면 자주 사용하는 또 하나의 방편이 있어요. '우리는 연약하고 자주 넘어지는 존재'라고 하면서 소위 밑밥을 까는 거죠. 맞아요. 우리는 연약하고 자주 넘어져요. 가장 신실하기로 소문난 다윗도 그랬으니 우리 같은 사람이야 오죽하겠어요. 하지만 어떤 일을 하기도 전에 연약하다, 넘어질지도 모른다고 말하는 일꾼을 주인은 어떻게 볼까요? 그런 일꾼은 실제로 넘어질 확률이 높을 거예요. 그러면 또 이렇게 말하겠죠.

"제가 넘어질 거라고 했잖아요."

인정하기 싫겠지만, 우리 대부분은 하나님이 원하시는 일을 튕겨내는데 달인들이예요. 겉으로는 하나님을 향한 예전에 힘쓰지만, 무속인에게나 해야 할 질문을 하고, 정작 하나님이 우리에게 명시적으로 하라고 한 일은 다시 하나님께 넘기고, 그래도 내게 당도한 일에 대해선 '나 못할지도 몰라요.' 하며 피할 길을 예비하니까요. 어찌 보면 이런 반응은 당연한 것일 수도 있어요. 하나님께 내 생명을 드린다고 맹세한 후에도 삶은 지속되니까요. 그래서 튕겨내기 신공이 필요한 거겠죠. 하지만 우리는 이미 알고 있어요. 우리의 바람직한 모습은 신 뒤에 숨는 것이 아니라, 이 땅에서 신을 대리하는 일이라는 것을요. 우리가 그리스도의 편지고, 향기라는 말씀처럼요.고린도후서 3:3, 고린도후서 2:15 하나님 닮고, 예수님 닮아야 한다고 지은 많은 하담이와 예담이처럼요.

부를 수 없는 찬양

저는 성가대 테너 출신이었죠. 노래는 잘 못했지만, 찬양하는 건 좋아했어요. 성가대 가운을 입을 때마다 선택받은 레위인이 된 듯한 기분도 좋았고요. 저는 쉴 때도, 어디 이동할 때도 제가 듣는 음악은 늘 찬양이었어요. 당시 저에겐 찬양 이외의 다른 음악은 시시했거든요. 음악은 하나님을 찬양하기 위해 생겨난 거라 배웠고, 찬양 이외의 음악은 거기에 복무하지 않으니까요. 지금은 그때와 생각이 다르지만, 과거 저의 그런 신념이 부끄럽진 않아요. 어떤 음악이던 자신이 좋아하는 걸 충분히 누렸으면 된 거죠.

어느 날이었어요. 무심히 '내 생명 주님께 드리리'라는 찬양을 흥얼거리다가 이상한 생각이 들었어요. '내 생명을 드린다고? 정말?'하고요. 저의 실제 모습과 찬양 가사 간의 괴리를 처음 알게 된 순간이었는데요. 그동안 백번은 넘게 듣고, 불렀던 찬양인데 왜 그것이 갑자기 이상했는지, 왜 그동안은 이상하지 않았는지 이상했어요. 그 후로 찬양 가사에 주목하게 되었죠.

'주만 섬기리'
'주 나의 모든 것'
'주님만 영원히 사랑해'
'나의 모든 삶 변화되었네'
'주님 한 분만으로 나는 만족해'
'내가 원하는 한 가지 주님의 기쁨이 되는 것'

이런 가사를 만날 때마다 저는 부르기를 주저했어요. 지금 주님은 나의 모든 것이 아니고, 그러니 당연히 주님 한 분만으로는 만족이 안 되고, 내가 한 가지만 원할 수 있다면 높은 확률로 주님의 기쁨이 되는 것을 선택하지 않을 거 같았거든요. 무엇보다 찬양의 최종 청중이 누구인지 생각해보면 금방 들통 날 거짓말을 하는 것이기도 하고요.

교회는 아름다운 말의 과잉 상태에 있어요. 온통 은혜로운 말뿐이에요. '쇼윈도 부부'라는 말 아시죠? 실제로는 사이가 안 좋지만, 남들 눈에는 행복한 부부로 보이고 싶어 하는 부부 말이에요. 의원은 병든 자에게 필요한 거라고 말씀하신 예수님을 좇아 안에서 서로의 아픈 점이 쉽게 보여야 하는데, 쇼윈도 마네킹처럼 가리고 교회에 나와요. 그리고 은혜롭게 서로에게 인사하죠. 하나님 앞에서 하는 결단의 고백도 누가 들을지 몰라 미사여구를 동원하다 결국 자신과 동떨어진 고백을 하죠. 그 끝판 왕이 찬양 가사예요. 찬양 가사에 너무 큰 의미를 두는 거 아니냐고 할 수도 있고, 무심하게라도 찬양하는 것이 찬양하지 않은 것보다 더 나은 거 아니냐고 할 수도 있겠죠. 하지만 진심이 담기지 않은 찬양을 계속하다 보면 자신도 속아요. 실제로는 주님이 삶의 우선순위 안에 없으면서, 순교자도 울고 갈 가사로 된 찬양을 부르다보면 정말로 자신이 그런 줄로 착각하기 쉬우니까요. 그러니 '내 모든 것을 주께 드린다'는 의미 없는 반복일랑은 이젠 멈추고, 저와 함께 쉬운 것부터 해보기로해요.

'나의 삶 약간 변화되었네'

'내 일부 중 작은 것을 주께 드리네'

'내가 원하는 열 가지 중 한 가지 주님의 기쁨이 되
는 것'

고친 가사여서 박자를 맞추기 쉽지 않겠지만, 더욱
진실한 찬양이 될 거예요. 찬양의 최종 청중은 그걸 더
좋아하실 게 분명하고요.

차마 죄가 주홍 같다 하기 전에

그리스도인은 죄를 멀리해야 해요. 죄는 우리와 하나님 사이를 갈라놓았고, 예수님이 죽을 수밖에 없었던 이유니까요. 그래서 모든 그리스도인은 죄를 안 짓기 위해 애를 쓰죠. 하지만 그게 잘 안 돼요. 잘 안 되는 게 아니라 죄를 안 짓는 건 원천 봉쇄돼있어요. 그리스도교의 죄 기준은 매우 엄격해서 나쁜 마음만 먹어도 죄가 되니까요.^{마태복음 5:28} 그 기준으로 우리 삶을 평가하면 죄를 짓는 경우보다, 그렇지 않은 경우를 세는 게 더 빠를지 몰라요. 그래서 어떤 사람은 그런 자신의 처지가 죄에 절여진 장아찌 같다며 애통해하고, 또 어떤 이는 숨쉬는 것도 죄라며 가슴을 치기도 하는데요. 저는 그게 늘 이상했어요. 죄를 지으면 선악과를 먹었던 아담과 하와처럼 죄가 드러날까 숨어야 정상인데, 교회에선 오히려 자신이 얼마나 죄인인지 간증을 하니까요. 생각해보니 이해가 가기도해요. 간증할 때 언급하는 죄는 대부분 엄격한 죄 기준을 적용할 때만 문제가 되는 거였어요. 이럴 경우 여느 사람들은 그냥 지나쳤을 죄를 민감하게 감지한 것이므로, 입으로는 부끄러움을 말하고 있을지 몰라도 결국 '나 이만큼 신실해'라고 말하는 것과 같으니까요.

그리스도인이 정말로 죄에 민감한 사람들이고, 죄를 짓지 않기 위해 애쓰는 사람들이라면, 엄격한 죄 기준은 못 지키더라도 그 보다 현저히 기준이 낮은 세상 법은 넉넉히 지키고 있어야 해요. 하지만 그리스도인이 그런 사람들인지 저는 잘 모르겠어요. 미적분을 열심히 공부했지만, 매번 너무 어려운 문제를 만났다며 가슴을 치며 울고불고한 학생에게 쉬운 덧셈 문제를 냈는데 틀린다면 우리는 이 학생을 어떻게 이해해야 할까요? 그 시험이 어렵다는 건 모두 다 아는 데다, 그거 틀렸다고 정말로 뭐라 하는 사람도 없으니 그동안 공부를 하는 척만 했던 게 아닐까요?

그리스도교의 죄와 세상이 말하는 죄는 엄격성만 다를 뿐 같은 선상에 있어요. 나쁜 생각과 나쁜 행동의 관계처럼요. 나쁜 생각 안 하기에 도전하는 사람은 적어도 나쁜 행동은 안 하고 있어야 해요. 그게 아니라면 나쁜 행동 안 하기부터 해야 하는 거고요. 그러니 차마 자신의 죄가 주홍 같다 하기 전에, 자신이 벌레 같다 하기 전에, 갑질 안 하기, 탈세 안 하기, 배임 안 하기, 태업 안 하기, 커닝 안 하기 먼저 추천드려요.

3부 / 교회 안 성도로 사는 것에 대하여

교회 안 성도로 사는 것에 대하여

살아오면서 학교를 따라, 직장을 따라, 결혼하면서 주거지가 바뀔 때마다 새로운 교회를 다녔어요. 제가 운이 없었는지 정착한 교회마다 이상한 일들을 경험했죠. 지방에 있는 나름 큰 교회였는데요. 부흥회 기간이었고, 외부 강사의 말씀 순서였어요. 강사는 목소리가 크고 카리스마가 있는 분이었는데, 설교 주제는 헌신에 관한 내용이었어요. 밤 10시가 넘어 설교가 절정을 향할 무렵 장엄한 음악이 나오자 모두 눈을 감으라고 했어요. 그리고 예수님과 교회를 위해 자신이 드릴 수 있는 헌금을 마음속으로 작정하라고 하셨죠. 조금 있다가 갑자기 '500만 원' 결단한 사람 손을 들라고 했어요. 그러더니 이제 손을 내리라고 했어요. 내리라고 한 건 들었던 사람이 있었던 걸까요? 이번엔 400만 원이었어요. 저는 빠르게 계수해야 했어요. 제가 예수님과 교회에 드릴 수 있는 헌신의 양을요. 금액이 300만 원, 200만 원, 100만 원으로 낮아지고 있었거든요. 그리고 그 금액이 50만 원에 이르자 저는 비로소 손을 들었어요. 애석하게도 50만 원이 마지막 액수였는데, 저는 부끄러움과 동시에 안도감을 느꼈어요. 부끄러운 이유는 마지막 금액에 마지못해 손을 들었기 때문이고, 안도감은 그래도 마지막을 놓치지 않았기 때문이었어요. 큰맘 먹고 10만 원을 기다리던 성도가 있었다면 그 마음은 어땠을까요? 자신이 결단한 액수의 초라함에 부끄러웠을까요? 아니면 자신의 차례까지 오지 않은 것에 안도했을까요? 정말 500만 원에 손을 든 사람은 있었던 걸까요? 모두 눈을 감으라고 했을 때 담임 목사님도 눈을 감으셨을까요? 그날을 생각하면 너무 궁금한 게 많아요.

이번엔 직장을 따라 새로 정착한 교회에서 있었던 일이에요. 1년이 넘는 긴 시간 동안 제자 훈련을 받았어요. 훈련의 마지막 날 서약서를 작성하는 순서가 있었는데요. '저는 평생 OOO 교회에 뼈를 묻고, 담임 목사에게 헌신할 것을 서약합니다.'라는 내용이었어요. 500만 원을 외치던 부흥강사는 그래도 헌신의 대상을 예수님과 교회라고 돌려 말할 줄은 알았는데 여기는 그런 일말의 포장도 하지 않았어요. 누군가가 자신의 욕망을 너무 천진하게 드러내면, 보는 이가 다 창피할 때가 있어요. 목사에게 헌신 서약을 하라는 건 자신이 속한 교단인 장로교가 뭔지 모르는 거고, 이 교회에 뼈를 묻으라는 건 그리스도교가 나그네의 종교라는 것을 모르는 거예요. 신학교에서 분명 배웠을 텐데 어떻게 성도들에게 그런 종이를 내밀 수 있었는지 지금도 제겐 미스터리에요.

청년 시절 다니던 교회에선 이런 일도 있었어요. 담임 목사님은 청년부에 혼기가 지난 사람들이 많다며 늘 걱정이셨죠. 그러던 어느 날 청년부 회장은 담임 목사님이 시키셨다며 신상을 적는 종이를 나눠줬어요. 거기에 채워 넣어야 하는 항목은 이름, 나이, 주소, 가족, 학력, 직장, 급여, 이상형이었어요. 직장이 없던 제 친구는 직장 란과 급여 란은 못 적었고, 이상형 란은 쓸 염치가 없어서 안 적었다고 했어요. 그 일이 있고 난 후 청년부엔 혼기를 놓친 사람들이 하나둘씩 사라졌지요. 그렇게 적어간 종이로 목사님은 과연 무엇을 하셨을까요? 지난 일이지만 정말 궁금해요.

교회 안 성도로 사는 일이란, 이런 이상한 일들을 그리스도교 신앙과 모순 없이 소화해야 한다는 뜻이에요. 그때마다 저는 저를 다그쳤죠. '남의 눈의 티를 보기 전에 내 눈의 들보를 봐야 한다, 죄 있는 자가 왜 돌로 치려고 하느냐'는 식의 말로요. 그리고 결국 '제가 죄인입니다. 예수님의 몸인 교회를 미워한 저를 용서해주세요.'로 마무리되었어요. 저 혼자 교회를 미워했다가, 저 혼자 다시 용서를 구하면서 신앙생활을 이어 갔었죠. 이런 일을 겪은 건 제가 정말 운이 없어서 그런 걸까요. 아니면 원래 교회란 곳이 이런 어처구니없는 일이 일반적으로 벌어지는 곳이어서 그런 건가요.

그래도 제가 아주 운이 없었던 건 아닌 거 같아요. 세습을 하거나, 헌금을 횡령하거나, 성 스캔들이 있거나, 편을 갈라 싸운 경우는 비껴갔으니까요. 여러분에게 교회 안 성도로 사는 일은 어떤 일인가요?

신앙은 실전이에요

혹시 영춘권을 아세요? 오래된 중국의 전통 무술 중 하나인데요. 그 무술의 대가는 마 바오궈라는 사람으로, 오행의 흐름에 맞춰 영춘권을 48개 동작으로 재구성한 인물이에요. 몇 년 전 그가 격투기 선수와 격투 시합을 했던 동영상이 화제가 되었는데, 결과가 어땠는 줄 아세요? 시작하자마자 한 대 얻어맞고 쓰러지더니 30초 만에 두 번 더 다운당하고 싱겁게 끝이 났어요. 중국 무협 영화에서는 사부가 이렇게 당하면 제자들이 열심히 훈련해서 복수하는 스토리도 있는데, 이 시합은 아예 다음을 기약할 수도 없는 실력 차이가 났어요. 격투기의 등장으로 그동안 신비에 싸여 있던 영춘권의 실전성이 드러나는 순간이었죠. 경기가 끝난 후 마 바오궈는 "그의 코뼈를 부러뜨릴 수 있었는데 양보했다."라고 인터뷰했다고 하네요.

목석처럼 쓰러지는 영춘권의 대가를 보면서 교회 생각이 났어요. 코로나에 대응 못하는 교회를 보는 거 같았거든요. 영춘권이 상대 없이 무술 할 때 무도복의 넉넉한 품에서 나오는 바람 가르는 소리, 그에 맞추어 발을 구르는 소리에 사람들은 영춘권의 실전성을 의심하지 않았어요. 하지만 상대가 있는 시합에서는 무용지물이었죠. 상대의 주먹에 영춘권 대가의 얼굴은 멍이 들었고 결국 정신을 잃었어요. 격투기 시합은 물리적인 거잖아요. 그동안 교회에서 아름다운 찬양과 결단의 말로 우리만의 예배를 드릴 때는 교회의 내공이 세상에서 통하는 줄 알았을 거예요. 하지만 코로나는 교회라고 피해가지 않았고, 반드시 모여서 예배를 드려야 한다는 고집으로 교회에서 코로나가 많이 전염되었어요. 전염은 괜찮았던 사람이 병에 걸리는 물리적인 현상이에요. 교회를 보고 왜 저리도 현실에서 유리되었는가를 의아해한 세상은 최근 조사된 개신교 신뢰도[4]에 최하점수를 주었어요. 그래도 교회는 왜 우리한테만 이러느냐고 항변했

---

4 개신교 신뢰도 관련 기사
　http://news.kmib.co.kr/article/view.asp?arcid=0017016125&code=
　61221111&sid1=i

지요.

　신앙은 언제나 실전이에요. 실전이라 함은 '네 이웃을 사랑하라'는 최고의 기술을 구사하기에 앞서 이웃에 위협이 되지 않도록 가드를 올리는 거예요. 강도 만난 자의 이웃이 되는 카운터 펀치를 날리기 전에 스스로 강도가 되지 않도록 풋트 웍을 하는 거고요. 실전에 도움 안 되는 펄럭거리는 무도복은 이제 그만 넣어두어요. 제대로 땀을 흘려 근력을 기르고, 상대보다 빠른 주먹을 뻗는 연습을 하기로 해요. 그러다 보면 세상이 교회를 다른 이름으로 부를지 몰라요. 아무렴 어때요. 격투기의 목적은 상대를 제압하는 거잖아요. 교회 무술이 실전에서 통한다면 교회가 애쓰지 않아도 많은 사람이 스스로 제자가 되겠다며 교회로 올 거예요.

　너무 걱정은 마세요. 무술의 최고 권위자인 예수님께서 이미 세상을 이겨놓았다고 말씀하셨거든요. 요한복음 16:33 물론 66권의 교본을 제대로 이해하고 실천하기만 하면요.

바보가 되느니 길을 잃겠어요

이번엔 교육과 훈련 이야기 좀 할게요. 저는 교회에
서 하자고 하는 건 빠짐없이 받는 편이었어요. 어릴 때
는 안 하면 안 되니까 받았고요. 커서는 성경 지식이 늘
부족하다는 생각 때문에 받았어요. 교회에서 하는 성경
공부는 매번 비슷했어요. 교재가 얇은 것이 싫진 않았지
만, 한 줄짜리 질문이 있고, 그 질문에 성경 구절을 답으
로 적는 빈 줄이 있는 형식은 같았어요. 그동안 공부했
던 얇은 교재들을 포개 보니 두께가 상당했지만, 저의
성경 지식은 그렇지 못했지요.

훈련은 주로 전도 훈련이었는데, 모르는 사람에게
다가가 인사를 한 다음 영접 기도까지 마쳐야 하는 엄
청난 미션이었어요. 낯선 이에게 길을 물어보기도 어려
운 저에겐 거의 불가능한 일이었죠. 그래도 저는 '열심'

으로 '천성'을 넘기 위해 대사와 연기 연습을 반복했어요. 계속 연습만 하고 싶기도 했는데 '네가 하는 게 아니라 하나님이 하시는 거다'란 옳고도 마땅한 말에 실전에 투입됐어요. 대부분 인사 후 첫 대사가 나갈 때 실패했어요. 그래도 아주 가끔, 끝까지 제 대사와 연기에 호흡을 맞춰주신 맘씨 좋은 분을 만나기도 했었죠.

교회 훈련과 교육은 매번 새로운 시도를 하는 거 같았지만, 내용과 형식은 비슷했고 그것을 도돌이표처럼 반복했어요. 가끔 이벤트성 특별 교육도 있었는데요. '이단'에 대해 '정통'한 강사를 초빙하여 통일교에서 만드는 제품이 무엇인지, 신천지가 얼마나 위험하고 무서운 사람들인지 배웠어요. 그래서 교회 밖은 정말 위험한 곳이고, 이 안에 있어야 안전하다고 생각하게 되었죠. 특별 교육의 테마는 이슬람과 동성애에 관한 내용도 단골 주제였어요. 교회는 성도들이 세상에 물들지 않을까, 물가에 내놓은 아이 보듯 노심초사했어요. 그 불안은 정확한 것이기도 했는데, 그리스도교에 대한 성도들의 지식은 어른, 아이 할 것 없이 전부 아이 같았거든요. 맞아요. 늘 불안했어요. 누군가 박식한 성경 지식으로 혹은 세상 지식으로 저를 흔든다면, 교재의 두께만큼 얇은 제 신앙 밑천이 드러날까 봐서요. 제가 믿고 있는 세계가 흔들릴까 봐서요. 가르친 게 없는 선생님과 배운 게 없는 학생은 서로가 아는 거죠. 어려운 문제는 오로지 피하는 것만이 능사라는 것을요.

하지만 성도들은 바보가 아니에요. 교회에서 말하는 그 '험한 세상'에서 자신을 지켜내고 있으니까요. 사리를 분별할 줄 알고, 셈도 밝아요. 누가 좋은 사람인지 나쁜 사람인지도 알고요. 그러니 교회는 너무 불안해하지 마세요. 그리고 그리스도교가 그렇게 불안해할 만큼 빈약한 것인가요? 성경은 장대한 스케일로 세상의 처음과 마지막을 말하고 있는데, 언제까지 얇은 교재에서 물어보는 답만 찾고 있을 건가요? 교회 밖 세상으로 나가 우리가 믿고 있는 것이 진리인지 아닌지 검증해보고 싶어요. 때로는 예상 밖의 도전에 의심도 들겠죠. 하지만 의심을 통과하지 않고 무엇이 자리 잡을 수 있겠어요. 누군가는 그래요. 그러다 길을 잃을 수도 있다고요. 정말로 그렇다면 차라리 저는 길을 잃겠어요. 바보가 되는 거보단 나으니까요. 세월호 사건과 코로나 전염병에 교회가 취한 태도는 교회가 하나님 나라와 다른 곳으로 가고 있는 것을 보여줬어요. 교회 안에서 유통되는 정보에 세상은 '가짜 뉴스'라고 이름 붙였고요. 교회 안은 이미 안전하지 않아요. 그러니 제가 혹시 길을 잃는다 해도 손해 볼 건 없어요. 그리고 원래 진리가 있는 곳은 언제나 위험하다고 소문난 성문 밖이었잖아요. 성도들은 바보가 아니고, 그리스도교는 빈약하지 않아요.

헌금의 무게

교회 다닐 때 십일조 드리던 생각이 나요. 저에게 십일조를 드리는 행위는 교회의 어떤 성례보다 의미 있는 것이었어요. 그 의식Ceremony의 시작은 헌금을 준비하는 단계부터 시작되는데요. 헌금 준비를 위해 우선 ATM기에 들러요. 윙 하는 소리와 함께 돈 세는 소리가 나고, 덮개가 열리면 가지런히 돈이 정렬되어 있었죠. 기계 안에 있을 때는 여느 돈이었지만, 제가 그것을 집어 드는 순간, 하나님께 드릴 예물로 돈의 신분이 바뀌는 것이라 상상했어요. 그것을 집에 고이 가져와 지폐가 한쪽을 보도록 잘 정리한 후 헌금 봉투에 옮겨 담았어요. 십일조를 넣을 때는 계산을 잘해야 하는데, 저는 만원 단위로 올림을 해서 넣었어요. 예를 들어 월급의 십 분의 일이 25만 3천 원이면 26만 원을 넣었죠. 모든 것이 다 하나님 것인데 그분 앞에서 천 원 단위로 계산기를 두드리는 건 예의가 아니어서요. 또 세전이 아닌 세후로 계산한 것에 대한 죄송한 마음도 있었고요.

십일조를 드리는 주일은 교회 가는 발걸음부터가 달라져요. 진정한 신자가 된 듯 한 기분이랄까요. 예배가 시작되고 봉헌 시간에 헌금 주머니가 제 앞에 도착하면 준비한 십일조 봉투를 주머니에 넣었어요. 돈의 소유권이 제게서 교회로 넘어가는 순간이죠. 다른 주일보다 무게감 있는 십일조 봉투가 손에서 '쓰윽' 하고 빠져나갈 때 느낌은 좀 이상했어요.

'기쁜 상실감'

제가 찾은 가장 비슷한 말인데요. 하나님 앞에선 늘 면목 없는 삶이지만, 신자가 아니고서는 절대 할 수 없는 어떤 선을 넘고 있다는 기쁨과 안도감, 일종의 종교적 희열이라고 할까요. 그것은 그 돈이 더 이상 자신의 것이 아니라는 상실감을 봉합하고, 갑자기 찾아올지 모를 현실 자각이 일어나지 않도록 하는 마취제 역할을

하죠. 십일조를 드리는 일은 그만큼 제정신이 드는 것을 경계해야 할 수 있는 일이라는 것을 말씀드리는 거예요.

성도에게 헌금이란 무엇일까요. 그것은 교환된 노동력이에요. 구속당한 시간이고요. 스트레스를 받은 대가이고, 욕을 먹은 값이기도 해요. 뭘 사달라고 졸랐던 자녀의 요청을 거절하면서 지킨 것이고, 빡빡한 살림에 가계부를 보며 뭐 더 줄일 것이 없나 살펴볼 때 언제나 열외인 항목이에요. 하지만 성도가 특별한 사람들은 아니잖아요. 인터넷 최저가라는 확신이 들기 전에는 쉽사리 '구매' 버튼을 누르지 못하는 평범한 사람들이죠.

세상은 성도들에게 먹고살려면 생명을 내놓으래요. 실제로 성도들은 자신을 갈아 넣어 돈을 벌어요. 그러니 봉헌 시간에 수거된 자주색 주머니의 무게는 교환된 성도들의 생명이에요. 교회는 언제쯤 이 생명의 무게를 제대로 알게 될까요? 이미 알고 있으니 걱정하지 말라고요? 그럴 리가요. 헌금의 무게를 알고 있다면 교회 건물 짓느라 무리하게 은행 빚을 낼 수는 없는 거죠. 성도의 생명으로 은행 이자를 내는 건 좀 아니잖아요. 목사님이 은퇴할 때 교회 연간 예산과 맞먹는 금액을 전별금으로 책정할 수도 없는 거고요. 생명은 언제나 두렵고 떨림으로 다뤄야 해요. 교회가 헌금의 무게만 제대로 알아도 많은 것이 달라질 거예요.

변화산 위의 교회

"물질에 대한 탐욕과 쾌락을 좇아가는 삶에서 돌이켜 우리 주님만 바라보며 나아가는 저와 여러분이 되면 좋겠습니다."

"우리에게 주어진 모든 문제를 푸는 답은 한 가지, 주 예수님을 더욱 바라보는 것입니다."

"예수님을 열심히 바라보고 성령의 충만함과 감화를 입고 예수님을 닮은 사람을 본보기로 삼아"

교회에서 자주 듣는 설교 말씀이에요. 예수님을 바라보고, 예수님을 닮고, 성령의 충만함과 감화를 입으라는 내용이죠. 저는 이런 지당하신 설교를 들을 때마다 떠오르는 장면이 하나 있어요. 대학 농구가 한창 인기 있던 시절이었는데요. 라이벌 학교끼리 시합을 하고 있었어요. 경기의 승부가 달린 중요한 순간에 한쪽 감독이 작전 타임을 불렀죠. 그리고 선수들에게 이렇게 지시해요.

'이번에 3점 슛 꼭 성공시켜.'

우습지 않나요? '이렇게, 저렇게 하면 슛을 던질 기회가 생길 테니, 그때 3점 슛을 던져봐'가 아니라 '슛을 성공하라고' 지시하는 거 말이에요. 그게 어디 지시로 될 일인가요? 작전 시간이 끝나고 뭘 하라는 건지 잘 모르면서도 '네 알겠습니다.'를 외치며 다시 코트로 들어가는 선수들의 모습이 아직도 생생해요.

예수님을 바라보고, 닮아가고, 성령 충만하자고 하고 끝나버리는 추상화된 설교, 관념화된 설교는 여기 농구 감독의 작전 지시처럼 성도들에게 아무 의미가 없는 거예요. 그건 성도들이 도달해야 목표이지 방법이 아니니까요. 이런 설교는 소금물 같아요. 말씀의 갈급함이

해소되는 것이 아니라 마시고 나면 더 목이 마르거든요. 그런 설교를 들은 성도는 갈급한 상태로 교회에 와서 더 목마른 상태로 교회 문을 나서죠.

베드로는 변화산에서 예수님의 영광스러운 모습을 보고 초막을 짓고 거기 있는 것이 좋다고 했어요. 하지만 정작 예수님은 산에서 내려와 자신이 맞을 죽음과 부활에 대해 말하고 계셨어요. 지금 교회는 변화산에 지어진 초막 같아요. 예수님은 산 아래 현장에서 구체적인 말씀을 하고 계신데, 교회는 산 위에서 예수님을 바라보자, 예수님을 따르자, 예수님과 동행하자는 불분명한 이야기만 하고 있어요. 교회는 산 아래 사람들이 사는 곳, 하루하루 생존 전쟁을 치르는 곳으로 내려와 구체적인 말씀을 전해야해요. '성령감화감동역사충만인도교통하심'처럼 주문 같은 말은 좀 줄여주시고요. 저희를 위해서가 아니라 본인을 위해서요. 이렇게 상투성이 극대화된 말은 그 말에 아무 관심이 없다는 결정적인 표지거든요. 나 그거 모른다, 관심 없다고 광고하는 거예요.

근데 아마 잘 안될 거예요. 교회가 변화산에 있는 건 어쩌다가 있는 게 아니니까요. 거기가 편해서 있는 거죠. 베드로가 초막을 짓겠다고 할 때처럼, 본인이 하는 말이 무슨 말인지도 모르는 말을 해도 되는 곳이 거기니까요. 세상을 똑바로 볼 용기와 세상을 해석할 실력이 없어도 되는 곳이니까요.

'예수님을 바라보자'는 '슛 꼭 넣어'라고 하는 거예요. '예수님을 닮아가자'는 '실점을 최소화 해'라고 하는 거고요. '예수님과 동행하자'는 '지면 안 돼'와 같은 말인 거 이제 목사님도 아셨으면 좋겠어요.

감당 못할 시험을 당한 사람들

해피 엔딩으로 끝나는 간증에 단골로 등장하는 이야기가 있어요. 감당할 수 있는 시험만 주시는 하나님께서 넘어질 때쯤 피할 길을 내주셔서 결국 이겨냈다는 내용인데요. 성경에서 성도들에게 한 약속의 말씀^{고린도 전서 10:13}이 누군가의 삶을 통해 그대로 실현된 일화를 듣는 건 간증 당사자만큼이나 듣는 성도들에게 기쁜 일이에요. 하지만 암 덩어리가 기적처럼 사라졌다는 간증을 듣는 사람 중엔 항암치료를 해도 차도가 없는 성도가 있을지 몰라요. 그 성도는 이런 맘이 들 거예요. '저분은 낫게 해 주셨는데, 왜 나는 아니지?' 성경엔 감당할 수 있는 시험만 주신다고 쓰여 있지만, 주변에 벌어지는 일을 보면 그렇지 않아요. 당장 가까운 장례식장이나 병원 응급실에 가보세요. 피할 길을 끝내 안내받지 못한 사람들을 쉽게 만날 수 있어요.

간증의 소재는 늘 어떤 사고와 함께일 경우가 많은 데요. 2001년 미국 뉴욕의 세계무역센터 빌딩에 9·11 테러가 발생했을 때, 그곳에 회의가 있던 사람이 그날따라 우연히 회의에 늦어서 목숨을 건졌다는 내용으로 교회에서 간증하는 것을 들은 적이 있어요. 극적으로 자신만 살게 된 것은 감사할 일이죠. 하지만 간증할 일은 아니라고 생각해요. 우리 하나님은 살게 된 그 사람만의 하나님이 아니라, 목숨을 잃은 자들의 하나님이기도 하니까요.

사실 우리는 이미 알고 있죠. 감당할 수 없는 시험을 당한 사람들이 주변에 많다는 것을요. 그리고 그 일이 나에게도 생길지 몰라 불안한 거고요. 그래서 성도들은 '그리 아니하실지라도' 신공을 자연스럽게 터득했는지도 몰라요. 길을 잃은 내 처지와 선하신 하나님을 어떻게든 일치시켜야 하니까요. 끝내 피할 길을 안내받지 못한 사람들의 안타까운 소식을 들을 때마다 하나님께 묻고 싶어요. 그들은 왜 그렇게 될 수밖에 없었느냐고요. 하지만 조물주가 피조물에게 일일이 이유를 말해줄 의

무는 없죠. 그래도 분명 이유는 있을 거예요. 그 비극을 상쇄하고도 남을 하나님의 사정 말이에요. 이유가 있어야 하는 건 하나님은 선하시기 때문이고, 그 이유를 우리가 몰라도 되는 건 그분의 레벨이 우리와 완전히 다르기 때문이겠죠.

나만 살았다는 간증은 저에게 아무 의미가 없어요. 그것이 '나도 살 것이다'를 보증하지 않기 때문이에요. 오히려 감당 못할 시험에도 봉인된 선한 이유를 믿으며 근근이 살고 있다는 간증이 제겐 더 좋겠어요. 언젠가 저도 그래야 할지 모르니까요.

4부

교회에도 구원이 있을 거예요

혹시 ESG라고 들어보셨어요? 'Environment' 'Social' 'Governance'의 머리글자를 딴 단어인데요. 기업의 비재무적 지표로 환경, 사회 가치, 의사결정의 투명성을 뜻해요. 예전엔 기업을 평가할 때 재무지표에 표현되는 유형자산만 중요했는데, 요즘엔 기업의 지속 가능성이 무형자산인 ESG 지표에 의존하는 것이 알려져 이 부분도 중요해졌어요. 그래서 기업들은 망하지 않고 더 오래 존재하기 위해 ESG 영역에 힘쓰고 있어요. 이는 소비자들이 상품을 고를 때 효용만 생각하는 것이 아니라 기업의 선함도 본다는 의미예요. 교회는 기업과 달리 영리목적은 없지만, 사람들에게 배타적 선택을 제시하는 것은 같아요. 예를 들면 기업은 다른 초콜릿 말고, 우리 초콜릿을 제시하는 것이고, 교회도 다른 거 말고 복음을 제시하는 거니까요. 사람들이 초콜릿 맛만 따지는 것이 아니라 초콜릿 회사의 선함도 보는 것처럼 사람들은 교회에서 제시하는 복음만 보는 것이 아니라 교회의 선함도 볼 거예요. 한국 교회 출석 인원이 계속 줄고 있다고요? 이렇게 가다간 가까운 미래에 교회가 텅 빌 거 같아서 걱정되신다고요? 그렇다면 지속 가능성의 지표인 ESG 관리를 교회에 접목해 보기로 해요.

먼저 환경을 살펴보면요. 교회 다니면서 환경을 특별하게 생각한 적은 없어요. 교회에서 환경을 딱히 강조하는 것 같지도 않고요. 근데 생각해 보면, 굳이 ESG가 아니더라도 교회는 '하나님이 보시기에 좋았더라'고 하셨던 자연을 보존해야만 하는 의무가 있어요. 이를 위해 교회에서 들고 나는 쓰레기를 줄이고, 탄소 발생을 줄이기 위해 교회 올 때 대중교통을 이용하고, 기후 위기와 환경 문제를 주제로 전문가를 초대해 이야기도 듣고, 환경을 위한 기도회도 한다면 환경 지수가 개선될 거예요. 사람들은 환경을 생각하는 교회를 좋게 보기 시작할 테고요.

두 번째는 사회 가치예요. 이렇게 질문해볼 수 있어요. '교회가 사회에 어떤 영향력을 행사하고 있는가?' 이것 역시 ESG가 아니더라도 원래 지역 개 교회의 소명은 지역 주민들을 섬기는 거잖아요. 우리는 세계 평화를 염원하기도 해야 하지만, 교회가 위치한 지역 사회의 약자와 고통 받는 자들을 먼저 섬겨야 해요. 다들 교회 주변에 빈곤층, 이주 노동자 혹은 탈북자 분들 리스트 하나씩은 기본으로 가지고 계신 거죠?

세 번째는 교회 의사결정의 투명성이에요. 교회의 가장 약한 부분이지요. 투명성은 '내 못 믿나?' 하는 걸로 보장되는 게 아니에요. 견제와 감시를 할 수 있는 제도를 통해 만들어져요. '세상에 의인은 하나도 없다'는 인간 본성에 대해선 가장 잘 아는 사람이 우리니까 긴 설명은 하지 않을게요.

지속 가능한 교회를 원하세요? 그럼 ESG부터 시작해보세요.

교회 밖에서 말씀을 들어요

얼마 전 우연히 알게 된 노래예요. 특이한 멜로디에 끌려, 뭐지?, 하고 들었는데, 가사는 더 인상적이었어요.

이 지구는 하나님이 아니라 사탄이 만들었다네.
믿을 수 없다면 조간신문을 사서 읽어보도록 하게.
어떤 신문이든 어떤 날짜든 상관없다네.

〈이랑, 좋은 소식, 나쁜 소식 가사〉

여기서 '뭐라고 세상을 사탄이 만들었다고?' 하는 분은 아마 없겠죠? 모두들 이 가사를 '죄로 얼룩진 이 세상의 모습이 마치 사탄이 만들었다고 해도 믿을 만큼 처참하다는 걸 표현한 거구나, 그리고 이 상황은 영적인 특별한 시선으로 볼 수 있는 게 아니라 아무 날짜의 아무 신문을 봐도 알 수 있는 거구나'로 읽으신 거 맞죠?

가사 말이 진단하는 세상은 성경에서 말하는 것과 같았어요. 또 어떤 이의 SNS에서 이런 글도 봤어요. 본인은 교회 밖 성도면서, 장애인 차별에 저항하는 '비마이너'라는 언론사 기자인데, 이번 주는 교회에 가서 초등부 학생들에게 '장애인 이동권'에 대한 이야기를 하고 왔다는 내용이었어요. 이 주제와 맞는 말씀을 교회와 상의해서 정했는데 '가난하고 억압당하는 이들의 권리를 지켜라.'시편 82:3였대요. 현장에서 뛰는 교회 밖 성도와 교회의 협업은 이미 진행 중이에요. 어느 정치인의 이런 편지글은 어떤가요?

> 저는 힘이 필요하다는 생각이 들 때마다 연약함에 대해 생각합니다. 우리에게 정말 힘이 필요한 순간은 누군가를 쓰러뜨리고 싶은 순간이 아니라 누군가를 애타게 지키고 싶은 순간이기 때문입니다.
>
> 〈국회의원 장혜영 의원이 드리는 손 편지〉

'약함과 힘', '쓰러뜨림과 지킴'의 상반된 단어들로 조합된 문장에서 우선 읽는 맛이 나고요. 내용은 다름 아닌 하나님께서 기뻐하는 금식, 곧 흉악의 결박을 풀어주며, 멍에의 줄을 끌러주며, 압제당하는 자를 자유케 하며 모든 멍에를 꺾는 것^{이사야 58:6}을 말하고 있었어요.

하나님은 말씀으로만 자신을 계시하지 않고, 자연을 통해서도 자신을 보여주신다고 들었어요. 여기서 '말씀'을 교회에서만 들을 수 있는 거로 생각하면 곤란해요. 이렇게 세상에서 듣는 말씀도 있으니까요. 적고 보니 자연도 교회 밖에 있고, 말씀도 교회 안에만 있는 것이 아닌 게 되네요. 그뿐 아니라 교회의 말씀과 세상의 말씀은 질적으로 차이가 있어요. 교회에서 듣는 말씀이 설교자가 '아는' 말씀이라면, 세상에서 듣는 말씀은 누군가가 '사는' 말씀이에요. 아는 말씀보다 사는 말씀에 더 끌리는 건 당연한 거겠죠? 여러분도 교회 밖 말씀에 귀 기울여 보세요. 주말 드라마 대사에서, 일면식 없는 누군가의 SNS에서, 욕도 섞어 말하는 래퍼의 가사에서 말씀이 나올 수 있어요. 대부분 갑자기 들리는데요. 그럴 땐 조용히 '아멘'으로 화답하시면 돼요.

　여러분 팀 티보우를 아시나요? 미국의 풋볼 선수인데요. 2008년에 플로리다 대학팀을 우승으로 이끈 쿼터백이에요. 이 선수는 'John 3:16'이라고 쓴 문구를 적은 아이패치를 눈 밑에 붙이고 경기를 했는데, 경기력도 탁월했고, 역전승의 귀재라는 별명이 생길 정도로 드라마틱한 승리를 여러 번 만들었죠. 그럴 때마다 그의 얼굴에 적힌 요한복음 3장 16절도 주목 받았어요. 한 번은 그가 아주 큰 경기에서 기적 같은 승리를 만들자 구글 사이트에 요한복음 3장 16절이 1억 2천만 번이나 검색되었대요. 성경의 한 줄 요약과도 같은 그 구절을 사람들이 이렇게 많이 검색했다고 하니 저는 하나님께서 티보우를 사용하셔서 복음을 전하고자 하시는 구나라고 생각했어요. 최고의 플레이를 선보인 직후 자신에게 쏠리는 모든 찬사를 하나님께 돌리는 티보우도 정말 멋있었고요. 티보우만큼은 아니지만 모든 그리스도인은 복음을 전하며 살아요. 그건 예수님께서 승천하시기 전 우리에게 하신 마지막 명령이며 당부였으니까요. 교회에는 여러 선교회가 있어요. 축구 선교회, 등산 선교회 등인데요. 같은 취미를 즐기면서 비그리스도인과의 접점을 만들고 복음을 전하는 것이 목적인 소그룹이죠. 어느 정도 친분이 쌓이면 적절한 시기에 복음을 전하고 교회에 데려와서, 교육도 하고, 마침내 세례를 주고 교회에 정착하게 하는 것으로 예수님의 명령을 실행하죠. 그런데 있잖아요. 그다음은요? 저는 그다음이 떠오르지 않아요. 티보우에 감동받은 사람이 교회를 찾아오고, 꾸준하게 관계 맺기를 한 사람을 교회에 정착시키는 게 다가 아닌가요? 교회의 현재 수준에 흡수될 교회 일원이 좀 더 늘어나는 것뿐이잖아요.

오래전 일인데 한 번은 제가 친구를 교회에 데려왔어요. 저는 오랫동안 공을 들였고, 친구는 제 얼굴을 봐서 교회에 와 줬는데요. 내심 제 할 일은 교회에 같이 오는 것까지이고, 그다음부터는 하나님께서 개입해주실 거라고 생각했어요. 친구는 처음 해보는 예배 의식을 어색해하지 않고 잘 따라 했고, 헌금 순서도 무사히 넘어갔어요. 문제는 설교 시간이었는데요. 정치 편향된 이야기를 한참 하다가 성경 구절 어디를 펴서 이건 자신의 말이 아니라며 하나님의 권위 빌어 설명하자 친구는 저를 쳐다봤어요. '이거 뭐니?' 하는 눈빛으로요. 제가 주선한 소개팅을 다녀온 친구가 어떻게 자신에게 그런 사람을 소개해줄 수가 있느냐고 하는 느낌이랄까요. 어디서부터 어떻게 설명을 해야 할지 몰랐죠. '나도 우리 교회 설교는 잘 안 들어.'라고 해야 하나, '사람마다 생각은 다 다른 거잖아.'하며 설득을 해야 하나 고민 끝에 이렇게 말했어요.

'미안하다. 친구야.'

교회는 성도들이 이단이나 잘못된 길로 빠질까 봐 노심초사하시는데요. 교회를 어디 내놓기 불안해하는 성도들도 있다는 것을 알아주세요. 수많은 티보우가 나와서 그리스도교의 매력을 한껏 고양시켜도, 각 성도가 정성스러운 관계 맺기로 전도에 성공해도, 그리스도교를 체화할 수 있는 유일한 곳이 현재 모습의 교회라면 그게 무슨 의미가 있는지 저는 잘 모르겠어요. 교회 안 다니는 사람을 교회에 보냈다는 것만으로는 그 사람도, 교회도 아무것도 변하지 않아요. 그러니 교회는 준비 안 된 소개팅일랑은 미뤄두시고, 자신을 먼저 매력적으로 만들어주세요. 많은 거 바라지 않아요. 친구에게 소개하고 욕 안 먹을 정도면 돼요.

더 이상 집사는 아닙니다만

교회 밖 성도인 저는 더 이상 '집사'가 아니지만, 교회에서 알게 된 분들이 저를 부르는 호칭은 여전히 집사예요. 호칭을 갑자기 바꾸는 것도 어색하고, 딱히 마땅한 다른 호칭이 없어서 본의 아니게 앞으로도 계속 '집사'로 불릴 거 같아요.

한국에서 호칭은 굉장히 중요하죠. 중요한 만큼 정하기는 쉽지 않은데요. 영미권은 초면이나 구면이나 맨날 보는 사이나 모두 'You' 하나로 통하는데 우리는 그렇지 않아요. 나이와 친밀한 정도, 이해관계에 따라 시간을 두고 수렴되는 방식으로 호칭이 결정돼요. 대등한 경우는 거의 없고, 대부분 누군가의 위이거나 아래에 위치하죠. 때로는 누가 형이나 언니가 될 것인가를 두고 묘한 신경전을 벌이기도 해요. 호칭에 따라 내가 하는 모든 말의 어미도 그에 맞춰서 해야 하는데요. 한국에서 사회생활을 한다는 건 이 복잡한 일을 자유자재로 수행하고 있다는 걸 의미해요.

　요즘 회사들은 사내에서 쓰는 호칭을 단순하게 만들고 있어요. 회사에서는 이름 뒤에 직급을 붙여 부르는데, 전에는 사원, 대리, 과장, 차장, 부장 이렇게 다섯 단계로 세분화돼 있었다면, 지금은 사원, 선임, 책임 이렇게 세 단계로만 구분하는 회사들이 많아요. 회사들은 왜 호칭의 개수를 줄이는 걸까요? 호칭이 세분화 되면 호칭에 따라 신경 써야 할 말과 태도가 많아져서 이것이 결국 생산성을 떨어뜨린다고 보는 거예요. 예를 들면 회사에서 '김 부장님. 찾고 계신 이 과장님은 여기 없습니다.'라고 말하면 틀려요. 부장이 과장보다 높은 사람이기 때문에 부장에게 과장을 언급할 때는 과장님의 호칭에서 '님'을 빼서 '김 부장님. 찾고 계신 이 과장은 여기 없습니다.' 로 해야 해요. 이럴 경우 찾는 그가 여기 없다는 정확한 정보를 전달했음에도, '내가 과장보다 아랫사람인가?'라는 부장님의 볼멘소리를 듣게 될 수도 있으니까요. 그래서 회사는 '그가 없다'는 정보 전달만 해도 문제없게 만들려는 거예요. 최근에는 호칭에 직급을 아예 붙이지 않고 모든 구성원이 서로를 '님' 하나로 통일해서 부르는 회사도 생겼어요.

그럼 교회 안 호칭은 어떤가요? 교회의 직분은 교파마다 이름은 조금씩 다르지만, 목사, 장로, 안수집사, 서리 집사, 성도 이런 식으로 세분화돼있어요. 어떤 큰 교회는 장로 중에 수석 장로가 있고, 부목사 중에 수석 부목사를 두고 있는 걸 보면 수직적 위계가 회사만큼 강하다는 걸 알 수 있어요. 어떤 안수집사님은 자신을 그냥 집사님이라고 하면 싫은 내색을 하셨어요. 투표로 선출된 안수집사를 매년 재 임명받는 서리 집사로 착각하면 안 되는 거니까요. 교회에만 있는 호칭계의 최고봉이 있는데요. 바로 전임 총회장을 뜻하는 '증경' 총회장이에요. 대통령도 전 대통령이라고 하는데, 전임이라고하면 될 걸 굳이 국어사전에도 없는 한자를 조합하여 증경이라는 왠지 있어 보이는 호칭을 쓰는 걸 보면, 교회는 세상과 구별됨보다 교회 안에서 구별됨에 더 관심

있는 게 분명해요.

교회는 태생적으로 누가 누구에게 당연히 지시할 수 있는 일이란 없는 조직이에요. 하나님 앞에선 모두 다 동등한 제사장이기 때문이죠. 그런데도 교회의 직분이 회사의 직급과 유사하게 통용되고 있는 건 매우 안타까운 일이에요. 그러니 교회도 호칭을 전부 '님'으로 통일하면 어떨까요? 목사님도 OOO님이고, 아무개 성도도 OOO님으로요. 회사에서 '님' 호칭은 지시하는 사람과 실행하는 사람이 있을 수밖에 없는 구조에서 단지 생산성 증대를 위한 모순적인 시도지만, 교회에서 '님' 호칭은 구성원 모두가 제사장인 교회의 본래 모습을 되찾기 위한 시도예요. 모두의 '님' 호칭이 어색하지 않은, 그런 교회가 있으면 좋겠어요.

전 교회를 다니고 싶었어요. 찬양도 하고, 성도 간 교제도 하고 싶으니까요. 더군다나 예수님이 다시 오실 때 '저'에게가 아닌 '우리'에게 오신다고 하셨으니까요. 그래서 몇 가지 기준을 가지고 교회를 찾았어요.

- 작은 교회일 것
- 회계가 투명할 것
- 사회적 약자를 돕는 일에 적극적일 것

이 정도면 제가 그렇게 까다로운 기준을 가진 건 아니죠? 운 좋게도 가까운 곳에서 이 세 가지 조건을 만족하는 교회를 발견했어요. 회계가 투명한 건 말할 것도 없고, 단순히 크지 않은 교회가 아니라 스스로 작은 교회를 지향했어요. 세월호를 아파했고, 탈북 청소년들의 학교를 후원하는 교회였죠. 한마디로 작지만 훌륭한 정신을 가진 교회였어요. 하지만 저는 그 교회마저 끝내 머물 수 없었어요. 그 훌륭한 정신으로도 어쩔 수 없는 교회의 두 가지 망령 때문이었는데요.

첫 번째 망령은 성직주의였어요. 전 교인을 다 합쳐도 교인 수를 손에 꼽을 만해서 의사소통이 쉬울 줄 알았는데, 그렇지 않았어요. 교회는 작았지만, 운영 방식은 큰 교회와 크게 다른 점이 없었거든요. 모두 둘러앉아 이야기하면 되는데, 목사님은 항상 따로였어요. 한 번은 교회 처소를 옮기는 문제를 두고 성도들 몇 명이서 수개월간 회의를 했어요. 그리고 그 결과를 목사님께 제출했지요. 회의하느라 매주 토요일 오후를 고스란히 사용했지만, 교회의 중요한 결정에 시간을 내는 일이니 가치 있다고 생각했어요. 하지만 교회 처소 문제의 가장 큰 당사자인 담임 목사님이 함께 논의하지 않은 건 이상했어요. 처음부터 함께 논의하면 별도로 설명할 필요가 없고, 의견을 나누는 과정에서 서로의 생각을 구체적으로 알 수 있는 좋은 기회인데 말이죠. 열띤 토론을 하느라 목소리는 회의실 옆 목양실의 문턱을 넘어갔지만 정작 목사님과 성도는 같은 공간에 있을 수 없었어요. 저에게 그것은 기이한 일이었고, 분명한 신호였어요. 목사는 처음부터 '함께 논의할 수 있는 사람'이 아니라 회사의 임원처럼 '누군가가 미리 검토한 내용을 보고 받아 결정하는 사람'이라는 것 말이에요. 이는 목사와 성도가 기능만 다른 수평적 관계가 아니라 계급이 다른 수직적 관계라는 의미예요. 그때 알았어요. 교회가 작다고 성직주의가 사라지는 게 아니란 걸요. 방이 두 개만 있어도 따로 구분되어야 하고, 만약 방이 한 개였다면 자신의 부재로서 '구분됨'을 알렸을 그 집요한 '성직주의'가 작은 교회에도 시퍼렇게 살아있었어요. 교회는 언제쯤 목사와 성도가 모두 다 동일한 사제라고 말하는 성경_{베드} _{로전서 2:9}을 모른 체하지 않을까요? 교회가 그토록 존경하는 종교개혁자들이 했던 일이 다름 아닌 성직주의의 해체였던 것을 언제쯤 알게 될까요?

두 번째 망령은 가부장제였어요. 작은 교회라 일손은 늘 부족했는데, 주일마다 밥은 꼭 먹어야 했죠. 그 밥을 준비하는 것은 온전히 여 성도의 몫이었고요. 주일은 안식을 취해야 하는 날인데, 여 성도는 평일의 가사 노동을 주일까지 연장하고 있었죠. 어떻게 하면 교회를 더 좋은 곳으로 만들 수 있을까, 어떤 모임을 만들어야 지역 사회 이웃들과 함께 할 수 있을까를 고민하기보다 이번 주일 교회 반찬 걱정을 했고, 밥을 준비하느라 예배 중간에 주방으로 가야만 했어요. 세월호를 함께 아파하고, 탈북 청소년들을 돕는 일과 여 성도들이 밥하느라 교회에서 진이 빠지는 걸 보고도 묵인하는 건 양립할 수 없는 거라 생각해요. 시대가 변하면서 교회 밖 세상은 적어도 모양만은 가부장제가 사라지는 방향으로 변하고 있지만, 교회에서는 그 지위를 공고히 유지하고 있어요. 바울 시대의 복음을 생각해보세요. 어제까지 주인과 종이었던 관계가 하루아침에 그리스도 안에서 형제가 되는 거였어요. 더더군다나 우리가 믿는 신은 아버지와 아들이 일체로 계시다는데 교회에서 가부장제라니요.

저는 그 교회를 끝으로 교회 밖 성도가 되었어요. 더

이상 교회를 찾지 않게 된 건, 역설적으로 마지막 그 교회가 좋은 교회였기 때문이었어요. 좋은 교회도 성직주의와 가부장제를 극복할 수 없는 것을 보면서 '더 이상 교회 안에는 답이 없다'고 생각했어요. 그리스도교는 그것들과 양립할 수 없으니까요. 주변에 그렇지 않은 교회를 알고 계신다고요? 그럴 리 없을 거예요. 하지만 진짜로 그런 교회를 아신다면 저에게 꼭 좀 연락 주세요.

교회에도 구원이 있을 거예요

초대 교회 시절부터 '교회 밖에도 구원이 있는가?'라는 질문이 계속 있었다고 들었어요. 교회 밖 성도인 저는 그 대답이 무척 궁금했어요. 제가 찾아보니까 시대에 따라서, 주장하는 사람에 따라서 '교회 밖 구원은 없다.'고 잘라 말하기도 하고, 교회를 접할 수 없었던 사람에 대해선 다른 기준이 적용되어야 한다는 내용도 있었어요. 성도의 위치교회 안 인지, 밖 인지와 구원의 관계가 교리적으로 정해져 있는 것이 아니라 어느 정도 열려 있다는 사실에 저는 안도했지요.

이 주제는 생각할 때마다 머리와 마음이 따로 놀아요. 머리로는 오직 예수님을 통해서만 구원을 받을 수 있으니 예수님의 몸인 교회 안으로 구원이 제한된다는 것에 동의하면서도, 마음으로는 시대적으로, 지리적으로 또 문화적으로 교회를 접할 수 없었던 이들에 대해선 하나님께서 정상참작을 하실 거라는 바람도 있거든요. 이렇게 적고 보니 교회 밖 성도는 교회를 접할 수 없었던 사람들이 아니니 정상참작을 바랄 수 없는 부류가 돼 버렸네요.

하지만 과연 교회란 무엇일까요? 일요일에 한곳에 모여 노래를 부르고, 때로는 손뼉을 치며, 어떤 이의 이야기를 한참 듣고 나서, 어떻게 쓰이는지도 모르는 자주색 주머니에 돈을 넣고는, 앉았다가 일어서기를 반복하는 것을 예배라 부르는 공동체에 속해있는 것이 구원과 그토록 긴밀한 연관이 있는 것인지 저는 잘 모르겠어요. 하나님께서 이런 모임에 배타적으로 구원을 제공하셨다고요? 그럴 리가요.

제가 생각하는 교회는 꼭 교회라는 이름이 아니어도 하나님 나라를 할 수 있는 대로 이 땅에 실현하기 위해 분투하는 공동체예요. 교회가 하나님을 독점할 수 없고, 교회는 하나님 나라를 이루는 여러 도구 중에 하나라는 의미예요. 하나님은 자신의 영광을 위해 가용한 모든 자원을 활용하여 그분의 나라를 완성하실 거니까요. 공의가 강같이 흐르고, 고아와 과부와 나그네가 살아가는 데 불편함이 없는 나라 말이에요. 이처럼 교회의 정의를 하나님 나라와 연관 짓는다면 지금의 교회를 교회라 말할 수 있을까요? 교회가 하나님을 독점할 수 없다고 했지만, 그 일부라도 점유하고 있는지 의심스러워요. 고아와 과부와 나그네의 탄식을 뒤로한 채, 내 기도만 응답되면 되는 각자도생의 신앙을 장려하는 지금의 교회와 하나님 나라와는 아무 상관없는 듯 보이니까요. 하나님의 목표는 하나님 나라의 완성이지 교회의 번성이 아니에요.

제가 교회 밖 성도가 된 건 순전히 불안해서였어요. 첫 편지에서 제가 겁이 많다고 했잖아요. 이래봬도 저는 보수적인 신앙관을 가졌어요. 저는 '교회 밖에 구원은 없다.'고 믿는 쪽이니까요. 그 믿음을 따른다면 지금의 교회에선 저의 구원은 없는 거였어요. 제가 교회 밖 성도가 된 건 순전히 구원을 찾아 나온 거예요. 하지만 제 마음속에는 지금의 교회가 교회 되지 못한 이유에 대해 하나님이 정상참작을 해주셨으면 하는 바람이 있어요. 그러니 너무 걱정 마세요. 교회에도 분명 구원이 있을 거예요.

그래서 어쩌자는 거냐는 질문에 대해

'나 지금 뭐 하고 있는 거지?'

솔직히 이런 현실을 자각하게 하는 물음이 들 때가 있어요. '하나님 나라가 교회보다 크다고 치자. 그래서 지금 너는 뭘 하고 있는데?'라고 직접으로 물어보는 분도 계시고요. 저도 답을 찾는 중이라 명쾌하진 않은데요. 대답을 해야 한다는 의무감은 있어요. 곰곰이 제가 뭘 하고 있는지 생각해보니 '교회에 가지 않는 것'을 하고 있어요. 그렇게 함으로 저의 헌금과 시간을 제도권 교회에 공급하지 않고 있죠. 어떤 답을 찾을 때 무엇을 '해서' 찾기도 하지만 하던 일을 '멈추면서' 찾기도 해요. 비록 한 사람 몫이지만, 무엇을 하다가 멈추는 건 어떤 식으로든 영향을 미치는 거예요. 이것은 하나님 나라와 상관이 없어 보이는 교회에 대한 저의 '치우친 시도'라고 말씀드리고 싶어요. 배에 물이 들어오는데 잠자는 사람이 있다면 흔들어 깨워야죠. 흔듦은 치우침에서 나오는 거고요.

어떤 분이 교회에 대한 진단이 저와 같다며, 그런 일을 교회 안에서 하면 더 효과적이지 않겠냐고 하셨는데요. 왜 안 해봤겠어요. 하지만 저의 시도는 앞선 편지에서 말씀드렸던 '교회의 두 망령'을 넘어설 수 없었어요. '왜 실패했을까?' 복기를 해보니 제가 상대를 너무 우습게 본 거였어요. 복음은 그런 것들과 양립할 수 없다는 것을 사람들과 나누기만 하면 교회 내 어떤 변화도 가능하다고 생각했는데, 그게 아니었어요. 제 싸움의 대상은 선천적으로 몸에 밴 가부장적인 관성이었고, 후천적으로 신학교에서 체계적으로 전수된 성직주의였으니까요. 천재인 데다가 오랜 시간 노력도 해온 상대를 제가 어떻게 이길 수 있겠어요.

저는 교회와 신앙 사이에서 힘들어하는 분을 보면 단기간이라도 교회 밖 성도를 제안하는 편인데요. 그러면 주변에서 걱정하는 소리로 이렇게 이야기해요. '대안도 없이 교회를 나오라고 하는 건 너무 무책임한 권유가 아니냐?'고요. 그때마다 성경 속 한 장면이 떠올라요. 예수님이 고쳐주신 소경이 바리새인들에게 심문 당하자 '다른 것은 잘 모르겠고, 분명한 건 내가 소경으로 있다가 지금은 보는 것입니다.'요한복음 9:25라고 했던 장면이에요. 소경이 눈을 뜬 걸 봤으면 됐지, 뭐가 더 필요한지 저는 잘 모르겠어요.

교회를 다니다 보면 문득 '이건 아니지' 하는 생각이 들 때가 있을 거예요. 교회의 어떤 부분을 바꿔보고 싶기도 할 테고요. 하지만 바람만으로는 어떤 변화도 일어나지 않아요. 지금 이대로가 좋은 이들은 그것을 순순히 양보하지 않을 테니까요. 변화시키려면 변화를 만들 수 있는 협상력 있는 카드가 내 손에 있어야 해요. 다행히 성도들은 그것을 가지고 있어서 사용하기만 하면 되죠. 그건 바로 여러분의 헌금과 헌신의 보이콧이에요. 상대를 대화 테이블에 앉히려면 내게 있는 것 중 상대가 가장 원하는 것을 이용해야 하는 건 협상의 기본이에요.

하나님 나라는 교회보다 커요. 교회 밖에서도 그리스도인으로 살아갈 수 있고, 하나님 나라 확장에 가담할 수 있어요. 오히려 지금 상황에선 그것이 더 유효하게 가담하는 건지도 몰라요.

교회 밖 성도가 되면 신앙적으로 방황하게 될 것을 걱정하는 분도 계신데요. 네 맞아요. 어디 고정되어 있지 않으니까요. 하지만 고정 되어 있지 않은 건 그리스도인의 정체성이 아니었나요. 아브라함도 떠났고, 야곱도 떠났고, 모세도 떠났으니까요. 우리의 최종 상태는 정착하지 않은 상태에요. 그런 면에서 교회 밖 성도는 훌륭한 외피를 두른 셈이죠. 아무쪼록 자고 있는 교회를 흔들어 깨우는 '치우친 시도'에 함께하는 사람들이 많아졌으면 좋겠어요. 여기까지가 '그래서 어쩌자는 거냐?'는 질문에 대한 저의 대답이에요.

5부

교회가 미워한 법이
교회를 보호할 거예요

오늘 자 신앙고백

    그리스도교의 하나님은 선하시며 전능하시다고 배웠어요. 하지만 저는 하나님이 선하시며 전능하신 지는 잘 모르겠어요. 그래서 저는 '전능하사 천지를 만드신 하나님을 내가 믿사오며'로 시작되는 신앙 고백문을 암송할 때 첫 네 글자인 '전능하사'는 생략하고 '천지를 만드신'부터 따라 해요. 선하시며 전능하신 존재가 있다면 세상의 약자들이 계속 고통 받는 이 구조를 그냥 두고만 보진 않을 테니까요. 그래도 전능하신 하나님으로 가정하고 최대한 이해해 본다면, 하나님만 아시는 어떤 특별한 사정이 있어서 그 전능성을 스스로 제한하고 계신 것이 아닌가 하고 상상만 할 뿐이에요. 유서 깊은 신앙 고백문을 온전히 따라 하지 못하므로 어쩌면 저는 제도 교회에서 말하는 그리스도인이 아닐지도 모르겠네요.

그러거나 말거나 그래도 전 그리스도교의 신이 유일한 참 신이라 생각해요. 그건 그리스도교에만 있는 삼위일체 신론 때문인데요. 삼위일체란 성부, 성자, 성령, 이렇게 구분 가능한 세 존재가 서로의 심정을 정확히 알고, 상호 존중하며 모순 없이 존재한다는 거잖아요. 저는 이 점이 가장 신다운 모습이라고 생각해요. 인간은 도달 불가능한 상태죠. 인간이 만약 타자의 심정을 일치의 수준으로 알았다면 세상은 부패할 수 없어요. 자신이 기도한 타자를 착취하며 학대할 수는 없으니까요. 저는 모든 나쁜 일의 시작은 사람들이 서로의 심정을 헤아리는 능력을 상실했기 때문에 일어났다고 생각해요. 그런데 그리스도교의 신만이 신간의 일치를 말하며 더 나아가 그 일치 안에 우리도 끼워주겠다고 해요. 요한복음 14:20 이런 신이라면 정말 믿어 볼 만하지 않나요? 저는 선한 신, 전능하신 신은 잘 몰라요. 그저 일치의 신만 알아요. 저는 그리스도교의 하나님을 믿어요.

있지만 없는 사람들

당신의 종교는 무엇입니까? 라고 누가 물으면, 저는 기독교라고 대답해요. 다음 이어지는 질문은 '그럼 어느 교회에 다니세요? 인데요. 그럼 저는 '교회에 다니진 않아요.'라고 대답해요. 이 때 질문한 사람은 약간 당황하곤 하는데요. 자신이 가진 분류 체계에 없는 답을 들었기 때문이죠. '기독교인은 교회 다니는 사람'이라는 기준이 있었을 테니까요. 그래도 이런 흐름은 괜찮은 편이에요. 어떤 경우는 바로 훅 들어와요. '저기 혹시 교회 다니세요?' 종교가 기독교냐고 묻는 질문인데 안 다닌다고 하면 기독교인이 아닌 사람이 되고, 다닌다고 하면 거짓말을 하는 거라 이번엔 제가 어떻게 답을 할지 고민해요.

저는 교회 밖 성도가 되면서 세상이 정한 기준에 없

는 사람이 되었어요. 살면서 처음 소수자가 돼 본건데요. 이게 아무것도 아닌 거 같아도 그렇지가 않아요. '그리스도인'이라는 저의 정체성이 속할 곳이 없다는 건 그 자체로 '불안'과 연결되거든요. 나의 '있음'만으론 부족해서 반드시 설명이 따라붙어야 하는 존재의 심정은 불안해요. 설명이라도 잘되면 다행인데, 설명 할수록 나의 '있음'에서 미끌어지는 느낌이랄까요. 그동안 세상에 없었던 대상은 그것을 표현할 언어도 빈약하기 마련이니까요.

제가 이런 상황에 놓여보니 분류되지 못한 다른 소수자들이 보였어요. 그중에서 성 소수자들은 신의 이름으로, 성경의 이름으로 교회가 앞장서서 이들의 자리매김을 막고 있다는 것도 알게 되었고요. 이렇게 말하면 동성애에 대한 저의 입장이 무엇이냐고 대번에 물어보실 거 같은데요. 즉답하는 대신 저는 이렇게 말씀드리고 싶어요. 우리가 믿는 대상은 완전한 신이면서 동시에 완전한 인간이셨다고요. 전에는 없던 부류로 오셨죠. 이런 존재가 세상에 등장하면 '미움'을 받나 봐요. ^{마가복음 3:6}

뭔가를 처음 봤으면 '어? 이상하다.' 정도의 반응이 합리적인데, 바리새인들은 예수님을 죽일 만큼 격렬하게 미워했어요. 그리고 이 미움은 그들의 사사로운 감정이 아니라 당연한 분노로 위장되어야만 했죠. 이를 위해 대제사장이 예수님께 물어요. '네가 그리스도, 곧 하나님의 아들이냐?'마태복음 26:63 저는 이 질문이 이렇게 들려요. '네가 교회를 안 다니는 그리스도인이냐?', '네가 남자를 성적으로 좋아하는 남자이냐?' 예수님은 대답하시죠. '네가 스스로 말했다.'마태복음 26:64 이 대답 때문에 예수님은 신성모독으로 정죄를 당하시죠. 분류되지 않은 존재여서 미움받고, 성경에 의해 정죄당하는 자의 심정은 다름 아닌 예수님께서 가장 잘 아실 거예요. 그런 예수님이 동성애자 성도를 어떻게 보실까요? 저는 알 거 같은데, 여기선 그냥 저도 궁금하다고 할게요.

교회가 미워한 법이 교회를 보호할 거예요

교회는 차별 금지법을 반대하죠. 그 법은 성별·연령·인종·장애·학력·종교·성적지향 등의 이유로 차별하면 안 된다는 내용인데요. 교회가 반대하는 이유는 성적지향 항목 때문이에요. 교회에서 동성의 성을 지향하는 건 죄이고, 죄는 교회의 원수니까요. 하지만 저는 교회를 위해서 이 법이 꼭 필요하다고 생각해요. 코로나가 한창일 때, 집합 금지 명령을 어기고 대면 예배를 강행한 교회가 있었어요. 그러자 그 교회 주변 식당 문에는 이런 문구가 붙었죠.

'교회 다니는 사람 당분간 안 받습니다. 죄송합니다.'

교회가 계속 이런 식이면 언젠가 '기독교인 사절'과

같은 혐오 표현을 볼 날도 오겠구나 싶었는데, 실제로 보니 전 좀 놀랐어요. 코로나는 미래를 앞당기는 효과가 있다죠. 교회는 이 사건을 단순한 해프닝이 아니라 다가올 미래를 미리 본 거라 생각해야 해요. 기독교인이라는 이유로 식당에 못 들어가게 하면 안 되는 거잖아요. 지하철에서 성경을 읽는다고 누군가가 뭐라고 하면 안 되는 거잖아요. 차별 금지법은 이럴 때 기독교인을 지켜 줄 거예요. 아무리 교회가 인기가 없어도 이렇게 혐오까지 하겠냐고요? 저도 정말 그러길 바라요.

교회의 뜻과는 상관없이 언젠가 차별 금지법은 통과될 거예요. 지금은 정치인들이 교회 눈치를 보느라 주저하지만 기독교 교세는 점점 줄고 있으니까요. 교회의 성도 수가 줄어드는 것과 교회가 차별 금지법을 반대하는 이유는 연결 돼 있는 거 같아요. 성도수가 줄어들면 목회자는 불안하죠. 더 이상의 성도이탈을 막으려면 내부 결속이 필요하고요. 국가나 어떤 단체가 내부 위기를 극복하기 위해 외부에 적을 만들어 적개심을 부추기는 건 흔한 방법이에요. 그 적이 실제로 존재하지 않는 허상이거나 아주 약한 존재면 아무 것도 안하고 선동만 하면 되니 금상첨화고요. 그런 의미에서 동성애는 아주 좋은 '적'이죠. 불의가 득세하며 돌아가는 세상을 좀 보세요. 교회가 하나님의 영광을 위해, 그 거룩한 이름을 위해 분노하며 싸워야 할 일이 너무나 많아요. 하지만 싸우지 않죠. 그런 싸움은 죽을 지도 모르는 진짜 싸움이니까요.

나중의 성도들은 지금의 성도들을 원망할지 몰라요. 너희가 성적지향이 다른 자를 혐오할 자유가 있다고 한 것처럼, 우리도 교회를 혐오할 자유가 있다며 공격 받을 수 있으니까요. 교회 존립을 위해 교회에 정작 필요한 것이 무엇인지 잘 생각해보세요. 내부 결속을 위해 선동 당하고 있는 건 아닌지도 살펴보시고요. 혹시나 나중에 이 법의 보호를 받을 때 지금 너무 미워했던 자신이 생각나도 너무 자책하진 마세요. 세상은 생각보다 관대해서 '염치'만 챙겨도 관계 회복은 되더라고요.

말씀의 서열

어릴 때 하던 놀이 중 동그란 딱지놀이가 있어요. A4 사이즈 보다 약간 더 큰 종이에 30개가량의 동그란 모양의 딱지가 뜯기 좋게 달려있었죠. 각각의 딱지 안에는 그림이 있는데 주로 당시 인기 있었던 만화였어요. 이걸 가지고 여러 가지 놀이를 했는데요. 손가락으로 딱지를 튕겨서 누가 더 멀리 보내는지 겨루기도 하고, 일정한 높이의 벽에서 딱지를 떨어뜨려 벽에서 더 멀리 떨어진 딱지가 이기는 방식도 있었어요. 이렇게 딱지의 물성을 이용한 놀이가 있었는가 하면, 딱지 안의 그림으로 겨루는 방식도 있었죠. 일명 접기 놀이인데, 여기서 '접기'는 종이를 접다 할 때의 접다가 아니라 딱지를 양손에 섞어 쥐다 할 때의 접다에요. 이 방식은 미리 합의된 딱지 그림의 서열에 따라 승패가 결정돼요. 예를 들어 접은 사람이 '사람 높'이라고 말하면 자신의 딱지에 사람이 많으면 이기는 거예요. '사람 얕'도 있는데 이때는 적은 수의 사람이 있은 딱지가 이기는 거였어요._{사람 높과 대응되는 말은 사람 낮일 텐데 왜 얕이었는지 아직도 잘 모르지만요} 그 중에 가장 기억에 남는 건 '전쟁 높'이예요. 칼은 총에 지고, 총은 불에 지고, 불은 물에 지는 순이었어요. 상대의 딱지에 불이 있으면, 물 밖에 이길 게 없어서 마음 졸이며 제 딱지를 살펴보던 기억이 나요. 가끔 옆 동네에서 할 때도 있었는데, 우리 동네랑 딱지 서열이 달라 다투기도 했었지요.

저는 성경 말씀도 딱지 그림처럼 서열이 있다고 생각해요. 어떤 사안에 대해 서로 다르게 적힌 부분이 있다면 그중에 더 중요한 말씀을 근거하여 입장을 정해야 한다는 의미예요. 예를 들어 저는 교회의 여성 안수를 찬성하는 입장인데요. 그 이유는 여성은 교회에서 잠잠하라고 했던 말씀_{고린도전서 14:34~35}보다 예수님이 승천하시기 전, 우리에게 명령하신 말씀_{마태복음 28:19}이 더 중요하다고 생각하기 때문이에요. 가서, 제자 삼고, 세례를 주고, 가르치라는 명령은 남성에게만 한 게 아니니까요.

말씀에 서열이 존재한다는 사실이 낯설게 들릴 수 있는데요. 하지만 우리는 모두 말씀 서열을 가지고 있어요. 십계명에는 토요일인 안식일을 지키라고 했는데, 교회는 일요일에 가고 있잖아요. 그럴 수 있는 이유는 안식일을 지키라는 말씀보다 서열이 높은 다른 말씀이 있기 때문이에요. 말씀 서열은 출석하는 교회마다 다르기도 하고 개인마다 다르기도 해요. 그래서 어떤 교회는 여성안수를 금지하고, 또 어떤 교회는 찬성하죠. 어떤 교회는 동성애자를 죄인이라 낙인찍는 반면, 또 어떤 교회는 동성애자 성도를 동일하게 축복해요. 이는 각기 다른 말씀 서열을 가지고 있기 때문이에요. 그리고 이 서열은 자신이 믿는 하나님을 투영하죠. 어쩌면 우리는 각기 다른 신을 믿는지도 모르겠어요. 모든 텍스트는 해석을 기다리고, 그 해석은 서로 경합해요. 여러분의 말씀 서열이 하나님의 그것과 일치하기를 바랄게요.

감리교 창시자 존 웨슬리는 자신이 회심한 날을 정확히 알았고 그날을 기록했어요. 1738년 5월 24일인데요. 감리교에선 이 날을 존 웨슬리 회심일로 기념하죠. 하지만 전 제가 회심한 날을 기억 못 해요. 실제로 그런 일이 일어났는지도 모르겠고요. 하지만 제게도 저만의 신앙 기념일이 있어요. 바로 교회 밖 성도가 된 날인데요. 2019년 3월 24일이에요. 한 번도 자발적으로 거른 적 없는 교회 출석을 멈춘 날이죠.

교회와 그리스도교 신앙이 한 몸이 아닐지도 모른다는 의심이 생긴 후, 저는 그 의심을 검토했어요. 제가 할 수 있는 대로 성경과 교회역사를 살펴봤고요. 사회면 기사에 나온 사건에 대해 교회의 반응도 모니터링했어요. 그 결론은 놀라웠어요. 교회와 그리스도교 신앙은

한 몸이 아닐뿐더러 둘 중 하나만 선택 가능하단 거였거든요. 그래서 저는 교회 대신, 그리스도교 신앙을 택했어요. 이 결론에 도달하기까지 절치부심했죠. 물어볼데도 없었고요. 교회 안 사람은 객관적일 수 없고, 교회밖 사람은 이 문제에 관심이 없으니까요. 그러면 뭐 별수 있나요. 혼자 해봐야죠. 괴롭고 외로웠어요. 마음에걸리는 게 한두 가지가 아니었죠. 구원에서 열외 되는건 아닌지, 교회 없이 신앙생활이 가능한 건지, 그동안울고 웃었던 교회 집사님들과의 관계는 어떻게 되는건지, 모태신앙인 제가 어머니께는 뭐라고 말씀드려야 할지, 갑자기 우리 집은 왜 교회를 안 가냐는 자녀의 질문엔 뭐라고 대답할 건지, 그냥 계속 교회에 다녀야 하는이유가 열 개도 넘었지만 저는 멈췄어요.

이 결론을 내는 데 다른 누군가의 인증은 필요하지않았어요. 제가 의지한 건 막다른 길에 몰렸을 때 그저살기 위한 생존 감각 같은 거였거든요. 참, 루터는 이걸'양심'이라고 불렀던 거 같아요. 저는 이 결정 이후로 안녕하답니다. 매년 3월 24일이 되면 교회 밖 성도가 된 기

넘일로 그 때를 떠올려요. 어떻게 그런 기특한 결단을
했을까, 당시의 저를 찾아가 토닥토닥 어깨를 두드려 주
고 싶어요.

부록

J형에게

형 오랜만이에요. 요즘 어떻게 지내세요? 사느라 연락은 자주 못하지만 늘 형이 보고 싶어요. 학창 시절 형과 기숙사 한방을 쓰게 된 건 제 일생의 큰 행운이었어요. 어느 날인가 잠자기 전 깜깜한 방에서 즉흥적으로 형이 들려준 복음의 서사는 정말 스펙터클 했어요. 형은 대본도 없이 창세기서부터 사도행전까지 그 많은 사건과 인물의 족보를 횡단하면서 복음의 시작부터 현재까지의 여정을 설명해주셨죠. 장대한 스케일에 시공을 초월한 그 사랑 이야기가 오늘도 너와 나를 통해 계속되는 중이라는 멘트로 마무리되자 제 마음은 뜨겁게 달아올랐어요.

제가 형을 좋아한 건 형의 성경 지식 때문만은 아니었어요. 형은 탁월한 위로자였죠. 저뿐만 아니라 형을 아는 많은 이들이 힘들 때 형을 찾아왔어요. 세상살이에 지쳐있다가도 형을 만나 한바탕 늘어놓고 나면 세상은 다시 살아볼 만한 곳으로 바뀌어 있었거든요. 저는 그런 형이 좋아서 형이 보는 책을 보고, 형이 가는 집회를 따라다녔어요. 형과 함께했던 그 시간은 제 인생에서 예수님을 가장 뜨겁게 사랑했던 시기였어요.

5년 전이었죠? 형하고 아주 오랜만에 만났어요. 모처럼 제가 하루 휴가를 내서 형이 일하는 교회로 찾아갔지요. 근처에서 식사하면서 이런저런 이야기를 나눴어요. 형 그거 기억나세요? 헤어질 때 형이 제게 책을 하나 건넸는데, 신기하게도 그 책은 제 가방 속에도 있었어요. 저는 빌린 책이어서 형이 선물해준 새 책으로 마저 읽었지요. 형과 오랜 시간 떨어져 있었어도 형과 비슷한 신앙의 결을 갖고 있다는 생각에 안심이 되었어요. 그리고 형과 지하철역에서 손을 흔들며 헤어질 때 세상은 제게 또 살아볼 만한 곳이 되어 있었고요.

그런데 형. 이제는 형을 만나는 게 좀 망설여져요.

제가 교회 밖 성도가 되었거든요. 교회를 나가지 않는 저를 형은 어떻게 볼까요? 형이 저를 설득하려 하면 저는 어떻게 해야 할까요? 실제로는 그럴 마음이 없으면서 알았다고 해야 할까요? 세월호 사건이라는 명백한 악의 전시를 보면서, 교회가 그리고 그리스도인이 어떻게 해야 하는지 개혁 신앙의 유산에서는 아무것도 찾을 수 없었다는 것을 제가 감히 형에게 설명해야 할까요? 그럴 리가요. 아마도 형은 제가 있는 곳을 벌써 오래전에 지나갔을 거예요. 예전처럼 제 이야기를 그저 들어주실 거고요. 그리고 제게 지나침이 있다면 제가 말하면서 스스로 깨닫게 되는 방식으로 알게 될 테지요. 늘 그랬던 것처럼요. 그러고 나면 교회 밖 성도로서도 세상은 좀 더 살아볼 만해져 있을 거고요.

엄마. 아들이에요. 엄마는 신앙 1세대셨죠. 어릴 적 이모와 삼촌은 비껴간 복음이 엄마에겐 전해졌지요. 농사를 지었던 엄마네는 늘 일손이 부족했어요. 교회는 멀리 있었고, 한 번 다녀오면 반나절이 훌쩍 지나 돌아오니 할머니에게 혼도 나고, 다른 형제들 눈치도 보였다고 했어요. 그럼에도 그리스도교의 무엇이 엄마의 마음을 흔들었던 걸까요? 무속과 샤머니즘, 유교적 전통이 모든 이들의 뼛속까지 장악했던 1960대의 시골에서 어떻게 그리스도교 신앙이 시작될 수 있는지 모태신앙인 저는 몹시 궁금해요.

엄마는 신앙에 대해선 잔 다르크 같으셨어요. 무교였던 아빠는 결혼하면서 당연히 교회를 다니셔야 했고요. 명절에 시댁에 가서 모두가 제사상 앞에서 절을 할 때, 저와 제 동생은 절을 안 하게 열외 시켜 주셨죠. 시대가 많이 바뀐 지금도 시댁에서 그런 성취를 얻기란 쉽지 않은데, 엄마는 1980년대에 이 일을 해내셨어요. 그런 엄마의 아들이 교회를 잘 다니는 건 쉬운 일이었어요. 그리고 어느 날 모태신앙인 저도 뜨겁게 예수님을 영접했지요. 엄마는 다른 거 물려 줄 건 없지만, 저에게 신앙하나 물려준 것이 가장 큰 기쁨이라 하셨어요.

엄마의 성경 공부 방법은 탁월하셨죠. 언젠가 본 엄마의 책상에는 두툼한 성경 필사 노트와 웨스트민스터 신앙고백서를 정리한 노트가 함께 있었어요. 교과서에 충실하면서 최고의 요약서를 함께 보는 것은 동서고금을 막론하고 한 분야를 정통하고자 하는 모든 이들의 공통점인 거 같아요. 엄마는 신앙의 비본질을 단번에 구별하실 줄 아셨죠. 어릴 적 우리 집이 이사 가는 날이었는데, 거실에 걸려있던 최후의 만찬 액자는 가져가지 않기로 했어요. 액자를 버리려면 깨서 버려야 하는데 저는 망설였죠. 20년 동안 거실을 오가며 봐 왔고, 우리 가족을 지켜주고 있는 것만 같은 예수님 있는 액자를 깨는 것은 꺼림칙했거든요. 그때 엄마는 아무 망설임 없이 망치로 액자를 툭 툭 쳐서 깨서는 쓰레기봉투에 담으셨어요. 그림 속 예수님 얼굴을 망치로 내리치는 엄마의 모습을 보면서 그리스도교가 어떤 것으로부터 자유로운 건지 저는 직감적으로 알 수 있었어요.

어느 날 저는 엄마에게 이제는 교회를 다니지 않는다고 했어요. 그러자 엄마의 표정은 어두워지셨죠. 심지어 제가 저의 입장을 변론하느라 엄마에게 언성을 높이기도 했고요. 아마 제가 나중에 벌을 받는다면 부모를 공경하라는 계명을 어겨서일 거예요. 엄마는 아들에게는 잔 다르크 되기를 포기하시고, 다만 저를 위해 기도하신다고 하셨어요. 아들에게 신앙을 물려준 것을 가장 큰 기쁨으로 여기는 엄마의 기쁨을 소멸시킨 거 같아서 죄송한 마음이에요.

하지만 엄마에게 제 생각을 다시 설명할 기회가 생기면 이렇게 한 번 말씀드려 보고 싶어요. 저에게 교회 출석은 엄마가 망치로 내려치던 액자라고요. 내려치는 망치가 예수님께 어떤 위해도 가하지 못했던 거처럼 엄마가 물려준 신앙은 전혀 훼손되지 않았으니 계속 기뻐하셔도 된다고요.

편지를 쓰는 마음

전화나 메시지처럼 즉시 소통만 당연한 시대에 편지를 쓰는 마음은 어떤 것일까요? 구어체로 말하듯 적었지만, 제 개인의 푸념이 아닌, 합당한 문제제기로 교회에 가 닿기를 바랐습니다. 어떤 주장이 설득력을 가지려면 논리가 있어야 하고, 그리스도교 안에서 이를 수행하려면 '신학'이 필요합니다. 하지만 저는 신학을 배우지 않았고, 심지어 주장하는 바도 교회와 그리스도교 신앙을 구분하려는 시도다 보니 편지를 한 꼭지씩 늘려갈 때마다 부침이 심했습니다.

그럼에도 편지 쓰기를 멈출 순 없었습니다. 왜 그럴까 생각해 보니 다름 아닌 교회에서 배운 마음 때문이었습니다. 내가 본 이상 전하지 않으면 안 되는 ^{사도행전 4:20} 마음, 저기 저 사람도 복음을 듣고 구원을 받아야 할 텐데 했던 마음 말입니다. 이 마음은 신학을 전공하지 않은 제가 편지를 계속 쓸 수 있게 용기를 주었습니다. 본 바를 전하는 일은 정확히 전하는 것으로 충분하기 때문입니다. 네. 그렇습니다. 제가 교회에 전하고자 하는 건 다름 아닌 복음입니다. 교회에게 복음을 전하다니 믿기지 않으실 겁니다. 너무 놀라지 말기를 바랍니다. '교회는 항상 개혁되어야 한다the church reformed, always reforming'는 정통 교회의 모토와 같은 맥락이니까요. 그리고 복음을 전하는 것이야 말로 그 대상을 위한 최고의 사랑이라고 교회에서 배웠습니다. 이 글을 쓰는 데 필요한 모든 연료가 교회에 대한 저의 사랑으로부터 왔다면 믿으시겠습니까, 믿지 않아도 괜찮습니다. 아시지 않습니까, 복음을 전하는 데 상대방의 거절은 포기의 이유가 될 수 없다는 것을 말입니다.

모든 편지는 답장을 바라며 씁니다. 교회의 답장을 기다립니다. 그 글에 제가 흔들렸으면 좋겠습니다. 교회 밖 성도는 자신이 교회를 오해한 것이라 믿고 싶은 이들입니다. 저는 설득될 준비가 되어 있습니다.

책을 한 번도 내 본 적 없는 장삼이사가 책을 내겠다며 끙끙대며 원고를 쓰고 있을 때 책이 될 수 있다고, 반드시 책이 되어야만 한다고 격려해준 세 친구가 있습니다. 정식님, 정수님, 그리고 인하님께 고마움을 전합니다. 세 친구의 발자국 소리가 없었다면, 끝 몰랐던 밤길을 완주 할 수 없었을 겁니다.

초보 작가에게 탈고는 낭만일지라도 출판은 비즈니스일겁니다. 기독교 출판사의 최대 고객인 교회에게 도발하듯 말하는 세상물정 모르는 원고를 기꺼이 책으로 만들어 주신 도서출판 대장간 배용하 대표께 감사드립니다.

일천하지만 이 책을 쓰는 데 필요한 글쓰기에 관한 모든 것은 글 공동체 '삼다三多'를 통해 배웠습니다. 1년간 글쓰기에 진심인 글벗들과 읽고 썼더니 책이 되는 기적이 일어난 건 우연만은 아닐 것입니다. 최고의 글쓰기 선생님과 함께였다면 더더욱 그렇습니다. 삼다의 글 선생님이자, 따뜻한 추천사를 써 주신 박 총 원장님 감사합니다.

저와 함께 교회 밖 성도가 되었고, 제게 지나침이 있을 때마다 반대하는 협력자로서 늘 조언해주었던 아내에게 존경의 맘을 전합니다. 아들의 유치원 시절, 다른 친구들은 다 입고 가는 핼러윈 복장도 용납 안했던 아빠가 변한 이유를 아들은 가끔 궁금해 합니다. 이 책으로 조금이나마 설명이 됐으면 좋겠습니다.

밥벌이만도 벅찬데, 지금 한가하게 글짓기나 하고 있을 때가 아니라는 자조 섞인 내면의 소리는 늘 선명했습니다. 그럼에도 왜 썼느냐고 물으면 '쓰지 않을 도리가 없어서'라는 답 외에는 드릴 말씀이 없습니다. 아무도 요구하지 않은 일에 의무감이 생겼다면, 전 당신을 떠 올릴 수밖에 없습니다. 저는 썼으니, 이젠 당신 차례입니다.